OEUVRES

CHOISIES

DE P. CORNEILLE.

TOME PREMIER.

A PARIS,

A LA LIBRAIRIE DES ÉCOLES,

rue Sainte-Marguerite S. G., 19.

CHEFS-D'ŒUVRE

DE

P. CORNEILLE.

—

TOME I.

PARIS, IMPRIMERIE DE POUSSIELGUE,

rue du Croissant-Montmartre, 12,

CHEFS-D'ŒUVRE

DE

P. CORNEILLE.

TOME PREMIER.

A PARIS,

CHEZ LES EDITEURS,

RUE DES GRANDS AUGUSTINS, 18.

—

1856.

LE CID,

TRAGÉDIE.

(1636.)

PERSONNAGES.

Don Fernand, premier roi de Castille.
Dona Urraque, infante de Castille.
Don Diègue, père de don Rodrigue.
Don Gomès, comte de Gormas, père de Chimène.
Chimène, fille de don Gomès.
Don Rodrigue, amant de Chimène.
Don Sanche, amoureux de Chimène.
Don Arias, } gentilshommes castillans.
Don Alonse; }
Léonor, gouvernante de l'infante.
Elvire, gouvernante de Chimène.
Un page de l'infante.

La scène se passe à Séville.

LE CID.

ACTE PREMIER.

SCÈNE I.

CHIMÈNE, ELVIRE.

CHIMÈNE.

Elvire, m'as-tu fait un rapport bien sincère ?
Ne déguises-tu rien de ce qu'a dit mon père ?

ELVIRE.

Tous mes sens à moi-même en sont encor charmés ;
Il estime Rodrigue autant que vous l'aimez ;
Et, si je ne m'abuse à lire dans son ame,
Il vous commandera de répondre à sa flamme.

CHIMÈNE.

Dis-moi donc, je te prie, une seconde fois
Ce qui te fait juger qu'il approuve mon choix ;
Apprends-moi de nouveau quel espoir j'en dois prendre.
Un si charmant discours ne se peut trop entendre ;
Tu ne peux trop promettre aux feux de notre amour
La douce liberté de se montrer au jour.
Que t'a-t-il répondu sur la secrète brigue
Que font auprès de toi don Sanche et don Rodrigue ?
N'as-tu point trop fait voir quelle inégalité
Entre ces deux amans me penche d'un côté ?

ELVIRE.

Non ; j'ai peint votre cœur dans une indifférence
Qui n'enfle d'aucun d'eux ni n'abat l'espérance,
Et, sans les voir d'un œil trop sévère ou trop doux,
Attend l'ordre d'un père à choisir un époux.

Ce respect l'a ravi; sa bouche et son visage
M'en ont donné sur l'heure un digne témoignage;
Et, puisqu'il faut encor vous en faire un récit,
Voici d'eux et de vous ce qu'en hâte il m'a dit:
« Elle est dans le devoir; tous deux sont dignes d'elle,
Tous deux formés d'un sang noble, vaillant, fidèle,
Jeunes, mais qui font lire aisément dans leurs yeux
L'éclatante vertu de leurs braves aïeux.
Don Rodrigue surtout n'a trait en son visage
Qui d'un homme de cœur ne soit la haute image,
Et sort d'une maison si féconde en guerriers,
Qu'ils y prennent naissance au milieu des lauriers.
La valeur de son père en son temps sans pareille,
Tant qu'a duré sa force, a passé pour merveille;
Ses rides sur son front ont gravé ses exploits,
Et nous disent encor ce qu'il fut autrefois.
Je me promets du fils ce que j'ai vu du père;
Et ma fille, en un mot, peut l'aimer et me plaire. »
Il alloit au conseil, dont l'heure qui pressoit
A tranché ce discours qu'à peine il commençoit;
Mais à ce peu de mots je crois que sa pensée
Entre vos deux amans n'est pas fort balancée.
Le roi doit à son fils élire un gouverneur,
Et c'est lui que regarde un tel degré d'honneur:
Ce choix n'est pas douteux; et sa rare vaillance
Ne peut souffrir qu'on craigne aucune concurrence.
Comme ses hauts exploits le rendent sans égal,
Dans un espoir si juste il sera sans rival;
Et puisque don Rodrigue a résolu son père
Au sortir du conseil à proposer l'affaire,
Je vous laisse à juger s'il prendra bien son temps,
Et si tous vos désirs seront bientôt contens.

CHIMÈNE.

Il semble toutefois que mon ame troublée

Refuse cette joie, et s'en trouve accablée.
Un moment donne au sort des visages divers,
Et dans ce grand bonheur je crains un grand revers.

ELVIRE.

Vous verrez cette crainte heureusement déçue.

CHIMÈNE.

Allons, quoi qu'il en soit, en attendre l'issue.

SCÈNE II.

L'INFANTE, LÉONOR, UN PAGE.

L'INFANTE.

Page, allez avertir Chimène de ma part
Qu'aujourd'hui pour me voir elle attend un peu tard,
Et que mon amitié se plaint de sa paresse.

SCÈNE III.

L'INFANTE, LÉONOR.

LÉONOR.

Madame, chaque jour même désir vous presse;
Et dans son entretien je vous vois chaque jour
Demander en quel point se trouve son amour.

L'INFANTE.

Ce n'est pas sans sujet: je l'ai presque forcée
A recevoir les traits dont son ame est blessée.
Elle aime don Rodrigue, et le tient de ma main;
Et par moi don Rodrigue a vaincu son dédain:
Ainsi de ces amans ayant formé les chaînes,
Je dois prendre intérêt à voir finir leurs peines.

LÉONOR.

Madame, toutefois, parmi leurs bons succès,
Vous montrez un chagrin qui va jusqu'à l'excès.

Cet amour qui tous deux les comble d'allégresse
Fait-il de ce grand cœur la profonde tristesse ?
Et ce grand intérêt que vous prenez pour eux
Vous rend-il malheureuse alors qu'ils sont heureux?
Mais je vais trop avant, et deviens indiscrète.

L'INFANTE.

Ma tristesse redouble à la tenir secrète.
Ecoute, écoute enfin comme j'ai combattu ;
Et, plaignant ma foiblesse, admire ma vertu.
L'amour est un tyran qui n'épargne personne :
Ce jeune chevalier, cet amant que je donne,
Je l'aime.

LÉONOR.

Vous l'aimez !

L'INFANTE.

Mets la main sur mon cœur,
Et vois comme il se trouble au nom de son vainqueur,
Comme il le reconnoît.

LÉONOR.

Pardonnez-moi, madame,
Si je sors du respect pour blâmer cette flamme.
Choisir pour votre amant un simple chevalier !
Une grande princesse à ce point s'oublier !
Et que dira le roi? que dira la Castille?
Vous souvenez-vous bien de qui vous êtes fille ?

L'INFANTE.

Oui, oui, je m'en souviens ; et j'épandrai mon sang
Avant que je m'abaisse à démentir mon rang.
Je te répondrois bien que dans les belles ames
Le seul mérite a droit de produire des flammes;
Et, si ma passion cherchoit à s'excuser,
Mille exemples fameux pourroient l'autoriser :
Mais je n'en veux point suivre où ma gloire s'engage.
Si j'ai beaucoup d'amour j'ai bien plus de courage ;

Un noble orgueil m'apprend qu'étant fille de roi
Tout autre qu'un monarque est indigne de moi.
Quand je vis que mon cœur ne se pouvoit défendre
Moi-même je donnai ce que je n'osois prendre.
Je mis au lieu de moi Chimène en ces liens,
Et j'allumai leurs feux pour éteindre les miens.
Ne t'étonne donc plus si mon ame gênée
Avec impatience attend leur hyménée;
Tu vois que mon repos en dépend aujourd'hui.
Si l'amour vit d'espoir, il périt avec lui;
C'est un feu qui s'éteint faute de nourriture;
Et, malgré la rigueur de ma triste aventure,
Si Chimène a jamais Rodrigue pour mari,
Mon espérance est morte et mon esprit guéri.
Je souffre cependant un tourment incroyable;
Jusques à cet hymen Rodrigue m'est aimable;
Je travaille à le perdre, et le perds à regret,
Et de là prend son cours mon déplaisir secret.
Je suis au désespoir que l'amour me contraigne
A pousser des soupirs pour ce que je dédaigne;
Je sens en deux partis mon esprit divisé :
Si mon courage est haut mon cœur est embrasé.
Cet hymen m'est fatal; je le crains et souhaite;
Je n'ose en espérer qu'une joie imparfaite;
Ma gloire et mon amour ont pour moi tant d'appas
Que je meurs s'il s'achève ou ne s'achève pas.

LÉONOR.

Madame, après cela je n'ai rien à vous dire
Sinon que de vos maux avec vous je soupire :
Je vous blâmois tantôt, je vous plains à présent.
Mais puisque dans un mal si doux et si cuisant
Votre vertu combat et son charme et sa force,
En repousse l'assaut, en rejette l'amorce,
Elle rendra le calme à vos esprits flottans :

Espérez donc tout d'elle et du secours du temps;
Espérez tout du ciel : il a trop de justice
Pour laisser la vertu dans un si long supplice.

L'INFANTE.

Ma plus douce espérance est de perdre l'espoir.

SCÈNE IV.

L'INFANTE, LÉONOR, UN PAGE.

LE PAGE.

Par vos commandemens Chimène vous vient voir.

L'INFANTE à Léonor.

Allez l'entretenir en cette galerie.

LÉONOR.

Voulez-vous demeurer dedans la rêverie ?

L'INFANTE.

Non, je veux seulement malgré mon déplaisir
Remettre mon visage un peu plus à loisir.
Je vous suis.

SCÈNE V.

L'INFANTE.

Juste ciel, d'où j'attends mon remède,
Mets enfin quelque borne au mal qui me possède ;
Assure mon repos, assure mon honneur.
Dans le bonheur d'autrui je cherche mon bonheur.
Cet hyménée à trois également importe ;
Rends son effet plus prompt ou mon ame plus forte.
D'un lien conjugal joindre ces deux amans
C'est briser tous mes fers et finir mes tourmens.
Mais je tarde un peu trop, allons trouver Chimène,
Et par son entretien soulager notre peine.

SCÈNE VI.

LE COMTE, D. DIÈGUE.

LE COMTE.

Enfin vous l'emportez, et la faveur du roi
Vous élève en un rang qui n'étoit dû qu'à moi;
Il vous fait gouverneur du prince de Castille.

D. DIÈGUE.

Cette marque d'honneur qu'il met dans ma famille
Montre à tous qu'il est juste, et fait connoître assez
Qu'il sait récompenser les services passés.

LE COMTE.

Pour grands que soient les rois, ils sont ce que nous sommes;
Ils peuvent se tromper comme les autres hommes,
Et ce choix sert de preuve à tous les courtisans
Qu'ils savent mal payer les services présens.

D. DIÈGUE.

Ne parlons plus d'un choix dont votre esprit s'irrite;
La faveur l'a pu faire autant que le mérite ;
Mais on doit ce respect au pouvoir absolu
De n'examiner rien quand un roi l'a voulu.
A l'honneur qu'il m'a fait ajoutez-en un autre;
Joignons d'un sacré nœud ma maison à la vôtre :
Rodrigue aime Chimène, et ce digne sujet
De ses affections est le plus cher objet;
Consentez-y, monsieur, et l'acceptez pour gendre.

LE COMTE.

A de plus hauts partis Rodrigue doit prétendre ;
Et le nouvel éclat de votre dignité
Lui doit enfler le cœur d'une autre vanité.
Exercez-la, monsieur, et gouvernez le prince ;
Montrez-lui comme il faut régir une province,
Faire trembler partout les peuples sous sa loi,

Remplir les bons d'amour et les méchans d'effroi.
Joignez à ces vertus celles d'un capitaine ;
Montrez-lui comme il faut s'endurcir à la peine,
Dans le métier de Mars se rendre sans égal,
Passer les jours entiers et les nuits à cheval,
Reposer tout armé, forcer une muraille,
Et ne devoir qu'à soi le gain d'une bataille.
Instruisez-le d'exemple, et vous ressouvenez
Qu'il faut faire à ses yeux ce que vous enseignez.

D. DIÈGUE.

Pour s'instruire d'exemple, en dépit de l'envie,
Il lira seulement l'histoire de ma vie.
Là, dans un long tissu de belles actions,
Il verra comme il faut dompter les nations,
Attaquer une place, ordonner une armée,
Et sur de grands exploits bâtir sa renommée.

LE COMTE.

Les exemples vivans ont bien plus de pouvoir ;
Un prince dans un livre apprend mal son devoir.
Et qu'a fait après tout ce grand nombre d'années
Que ne puisse égaler une de mes journées ?
Si vous fûtes vaillant je le suis aujourd'hui,
Et ce bras du royaume est le plus ferme appui.
Grenade et l'Aragon tremblent quand ce fer brille ;
Mon nom sert de rempart à toute la Castille ;
Sans moi vous passeriez bientôt sous d'autres lois,
Et vous auriez bientôt vos ennemis pour rois.
Chaque jour, chaque instant pour rehausser ma gloire
Met lauriers sur lauriers, victoire sur victoire.
Le prince à mes côtés feroit dans les combats
L'essai de son courage à l'ombre de mon bras ;
Il apprendroit à vaincre en me regardant faire ;
Et, pour répondre en hâte à son grand caractère,
Il verroit...

D. DIÈGUE.

Je le sais, vous servez bien le roi ;
Je vous ai vu combattre et commander sous moi :
Quand l'âge dans mes nerfs a fait couler sa glace
Votre rare valeur a bien rempli ma place ;
Enfin, pour épargner des discours superflus,
Vous êtes aujourd'hui ce qu'autrefois je fus.
Vous voyez toutefois qu'en cette circonstance
Un monarque entre nous met quelque différence.

LE COMTE.

Ce que je méritois vous l'avez emporté.

D. DIÈGUE.

Qui l'a gagné sur vous l'avoit mieux mérité.

LE COMTE.

Qui peut mieux l'exercer en est bien le plus digne.

D. DIÈGUE.

En être refusé n'en est pas un bon signe.

LE COMTE.

Vous l'avez eu par brigue, étant vieux courtisan.

D. DIÈGUE.

L'éclat de mes hauts faits fut mon seul partisan.

LE COMTE.

Parlons-en mieux, le roi fait honneur à votre âge.

D. DIÈGUE.

Le roi, quand il en fait, le mesure au courage.

LE COMTE.

Et par là cet honneur n'étoit dû qu'à mon bras.

D. DIÈGUE.

Qui n'a pu l'obtenir ne le méritoit pas.

LE COMTE.

Ne le méritoit pas ! moi ?

D. DIEGUE.

Vous.

LE COMTE.

Ton impudence,
Téméraire vieillard, aura sa récompense.

(Il lui donne un soufflet.)

D, DIÈGUE l'épée à la main.

Achève, et prends ma vie après un tel affront,
Le premier dont ma race ait vu rougir son front.

LE COMTE.

Et que penses-tu faire avec tant de foiblesse?

D. DIEGUE.

O Dieu! ma force usée en ce besoin me laisse!

(Il est désarmé.)

LE COMTE.

Ton épée est à moi: mais tu serois trop vain
Si ce honteux trophée avoit chargé ma main.
Adieu. Fais lire au prince, en dépit de l'envie,
Pour son instruction, l'histoire de ta vie;
D'un insolent discours ce juste châtiment
Ne lui servira pas d'un petit ornement.

SCÈNE VII.

D. DIÈGUE.

O rage! ô désespoir! ô vieillesse ennemie!
N'ai-je donc tant vécu que pour cette infamie?
Et ne suis-je blanchi dans les travaux guerriers
Que pour voir en un jour flétrir tant de lauriers?
Mon bras, qu'avec respect toute l'Espagne admire,
Mon bras, qui tant de fois a sauvé cet empire,
Tant de fois affermi le trône de son roi,
Trahit donc ma querelle, et ne fait rien pour moi!
O cruel souvenir de ma gloire passée!
OEuvre de tant de jours en un jour effacée!
Nouvelle dignité fatale à mon bonheur!
Précipice élevé d'où tombe mon honneur!

Faut-il de votre éclat voir triompher le comte,
Et mourir sans vengeance ou vivre dans la honte ?
Comte, sois de mon prince à présent gouverneur,
Ce haut rang n'admet point un homme sans honneur ;
Et ton jaloux orgueil, par cet affront insigne,
Malgré le choix du roi, m'en a su rendre indigne.
Et toi, de mes exploits glorieux instrument,
Mais d'un corps tout de glace inutile ornement,
Fer jadis tant à craindre, et qui, dans cette offense,
M'as servi de parade et non pas de défense,
Va, quitte désormais le dernier des humains,
Passe pour me venger en de meilleures mains.

SCÈNE VIII.

D. DIÈGUE, D. RODRIGUE.

D. DIÈGUE.

Rodrigue, as-tu du cœur ?

D. RODRIGUE.

Tout autre que mon père
L'éprouveroit sur l'heure.

D. DIÈGUE.

Agréable colère !
Digne ressentiment à ma douleur bien doux !
Je reconnois mon sang à ce noble courroux :
Ma jeunesse revit en cette ardeur si prompte.
Viens, mon fils, viens, mon sang, viens réparer ma honte.
Viens me venger.

D. RODRIGUE.

De quoi ?

D. DIÈGUE.

D'un affront si cruel
Qu'à l'honneur de tous deux il porte un coup mortel,
D'un soufflet. L'insolent en eût perdu la vie ;

Mais mon âge a trompé ma généreuse envie,
Et ce fer, que mon bras ne peut plus soutenir,
Je le remets au tien pour venger et punir.
Va contre un arrogant éprouver ton courage.
Ce n'est que dans le sang qu'on lave un tel outrage.
Meurs ou tue. Au surplus, pour ne te point flatter,
Je te donne à combattre un homme à redouter :
Je l'ai vu tout sanglant, au milieu des batailles,
Se faire un beau rempart de mille funérailles.

D. RODRIGUE.

Son nom ? c'est perdre temps en propos superflus.

D. DIEGUE.

Donc, pour te dire encor quelque chose de plus,
Plus que brave soldat, plus que grand capitaine,
C'est.....

D. RODRIGUE.

De grâce, achevez.

D. DIEGUE.

Le père de Chimène.

D. RODRIGUE.

Le.....

D. DIEGUE.

Ne réplique point, je connois ton amour ;
Mais qui peut vivre infâme est indigne du jour ;
Plus l'offenseur est cher, et plus grande est l'offense :
Enfin tu sais l'offense, et tu tiens la vengeance,
Je ne te dis plus rien ; venge-moi, venge-toi ;
Montre-toi digne fils d'un père tel que moi :
Accablé des malheurs où le malheur me range,
Je m'en vais les pleurer. Va, cours, vole et nous venge.

SCÈNE IX.

D. RODRIGUE.

Percé jusques au fond du cœur
D'une atteinte imprévue aussi bien que mortelle,
Misérable vengeur d'une juste querelle,
Et malheureux objet d'une injuste rigueur,
Je demeure immobile, et mon âme abattue
    Cède au coup qui me tue.
  Si près de voir mon feu récompensé,
    O Dieu ! l'étrange peine !
  En cet affront mon père est l'offensé,
  Et l'offenseur le père de Chimène !

  Que je sens de rudes combats !
Contre mon propre honneur mon amour s'intéresse,
Il faut venger un père et perdre une maîtresse ;
L'un m'anime le cœur, l'autre retient mon bras.
Réduit au triste choix ou de trahir ma flamme,
    Ou de vivre en infâme,
  Des deux côtés mon mal est infini.
    O Dieu ! l'étrange peine !
  Faut-il laisser un affront impuni ?
  Faut-il punir le père de Chimène ?

  Père, maîtresse, honneur, amour,
Noble et dure contrainte, aimable tyrannie,
Tous mes plaisirs sont morts, ou ma gloire ternie ;
L'un me rend malheureux, l'autre indigne du jour.
Cher et cruel espoir d'une âme généreuse,
    Mais ensemble amoureuse,
  Digne ennemi de mon plus grand bonheur,
    Fer qui causes ma peine,
  M'es-tu donné pour venger mon honneur ?
  M'es-tu donné pour perdre ma Chimène ?

Il vaut mieux courir au trépas ;
Je dois à ma maîtresse aussi bien qu'à mon père ;
J'attire en me vengeant sa haine et sa colère ;
J'attire ses mépris en ne me vengeant pas.
A mon plus doux espoir l'un me rend infidèle,
 Et l'autre indigne d'elle.
Mon mal augmente à le vouloir guérir,
 Tout redouble ma peine :
Allons, mon ame, et puisqu'il faut mourir
Mourons du moins sans offenser Chimène.

 Mourir sans tirer ma raison !
Rechercher un trépas si mortel à ma gloire ;
Endurer que l'Espagne impute à ma mémoire
D'avoir mal soutenu l'honneur de ma maison ;
Respecter un amour dont mon ame égarée
 Voit la perte assurée !
N'écoutons plus ce penser suborneur
 Qui ne sert qu'à ma peine :
Allons, mon bras, sauvons du moins l'honneur
Puisqu'après tout il faut perdre Chimène.

 Oui, mon esprit s'étoit déçu ;
Je dois tout à mon père avant qu'à ma maîtresse :
Que je meure au combat ou meure de tristesse,
Je rendrai mon sang pur comme je l'ai reçu.
Je m'accuse déjà de trop négligence ;
 Courons à la vengeance ;
Et, tout honteux d'avoir tant balancé,
 Ne soyons plus en peine,
Puisqu'aujourd'hui mon père est l'offensé,
Si l'offenseur est père de Chimène.

ACTE SECOND.

SCÈNE I.

D. ARIAS, LE COMTE.

LE COMTE.

Je l'avoue entre nous, quand je lui fis l'affront,
J'eus le sang un peu chaud et le bras un peu prompt.
Mais puisque c'en est fait le coup est sans remède.

D. ARIAS.

Qu'aux volontés du roi ce grand courage cède;
Il y prend grande part, et son cœur irrité
Agira contre vous de pleine autorité.
Aussi vous n'avez point de valable défense:
Le rang de l'offensé, la grandeur de l'offense
Demandent des devoirs et des soumissions
Qui passent le commun des satisfactions.

LE COMTE.

Le roi peut à son gré disposer de ma vie.

D. ARIAS.

De trop d'emportemens votre faute est suivie.
Le roi vous aime encore, apaisez son courroux;
Il a dit : Je le veux. Désobéirez-vous?

LE COMTE.

Monsieur, pour conserver ma gloire et mon estime
Désobéir un peu n'est pas un si grand crime;
Et, quelque grand qu'il fût, mes services présens
Pour le faire abolir sont plus que suffisans.

D. ARIAS.

Quoi qu'on fasse d'illustre et de considérable,

Jamais à son sujet un roi n'est redevable :
Vous vous flattez beaucoup ; et vous devez savoir
Que qui sert bien son roi ne fait que son devoir.
Vous vous perdrez, monsieur, sur cette confiance.

LE COMTE.

Je ne vous en croirai qu'après l'expérience.

D. ARIAS.

Vous devez redouter la puissance d'un roi.

LE COMTE.

Un jour seul ne perd pas un homme tel que moi.
Que toute sa grandeur s'arme pour mon supplice.
Tout l'état périra s'il faut que je périsse.

D. ARIAS.

Quoi ! vous craignez si peu le pouvoir souverain...

LE COMTE.

D'un sceptre qui sans moi tomberoit de sa main.
Il a trop d'intérêt lui-même à ma personne,
Et ma tête en tombant feroit choir sa couronne.

D. ARIAS.

Souffrez que la raison remette vos esprits :
Prenez un bon conseil.

LE COMTE.

Le conseil en est pris.

D. ARIAS.

Que lui dirai-je enfin ? je lui dois rendre compte.

LE COMTE.

Que je ne puis du tout consentir à ma honte.

D. ARIAS.

Mais songez que les rois veulent être absolus.

LE COMTE.

Le sort en est jeté, monsieur, n'en parlons plus.

D. ARIAS.

Adieu donc, puisqu'en vain je tâche à vous résoudre.

Tout couvert de lauriers, craignez encor la foudre.

LE COMTE.

Je l'attendrai sans peur.

D. ARIAS.

Mais non pas sans effet.

(Il rentre.)

LE COMTE.

Nous verrons donc par là don Diègue satisfait.
Qui ne craint point la mort ne craint point les menaces :
J'ai le cœur au dessus des plus fières disgrâces ;
Et l'on peut me réduire à vivre sans bonheur,
Mais non pas me résoudre à vivre sans honneur.

SCÈNE II.

LE COMTE, D. RODRIGUE.

D. RODRIGUE.

A moi, comte, deux mots.

LE COMTE.

Parle.

D. RODRIGUE.

Ote-moi d'un doute.

Connois-tu bien don Diègue ?

LE COMTE.

Oui.

D. RODRIGUE.

Parlons bas ; écoute.

Sais-tu que ce vieillard fut la même vertu,
La vaillance et l'honneur de son temps ? le sais-tu ?

LE COMTE.

Peut-être.

D. RODRIGUE.

Cette ardeur que dans les yeux je porte,
Sais-tu que c'est son sang ? le sais-tu ?

LE COMTE.

Que m'importe?

D. RODRIGUE.

A quatre pas d'ici je te le fais savoir.

LE COMTE.

Jeune présomptueux.

D. RODRIGUE.

Parle sans t'émouvoir.
Je suis jeune, il est vrai, mais aux ames bien nées
La valeur n'attend pas le nombre des années.

LE COMTE.

Te mesurer à moi ! Qui t'a rendu si vain,
Toi qu'on n'a jamais vu les armes à la main?

D. RODRIGUE.

Mes pareils à deux fois ne se font pas connoître,
Et pour leur coup d'essai veulent des coups de maître.

LE COMTE.

Sais-tu bien qui je suis?

D. RODRIGUE.

Oui : tout autre que moi
Au seul bruit de ton nom pourroit trembler d'effroi.
Mille et mille lauriers dont ta tête est couverte
Semblent porter écrit le destin de ma perte.
J'attaque en téméraire un bras toujours vainqueur
Mais j'aurai trop de force ayant assez de cœur.
A qui venge son père il n'est rien d'impossible ;
Ton bras est invaincu, mais non pas invincible.

LE COMTE.

Ce grand cœur qui paroît aux discours que tu tiens
Par tes yeux chaque jour se découvroit aux miens;
Et, croyant voir en toi l'honneur de la Castille,
Mon ame avec plaisir te destinoit ma fille.
Je sais ta passion, et suis ravi de voir
Que tous ses mouvemens cèdent à ton devoir,

Qu'ils n'ont point affoibli cette ardeur magnanime,
Que ta haute vertu répond à mon estime ;
Et que, voulant pour gendre un chevalier parfait,
Je ne me trompois point au choix que j'avois fait.
Mais je sens que pour toi ma pitié s'intéresse,
J'admire ton courage, et je plains ta jeunesse ;
Ne cherche point à faire un coup d'essai fatal ;
Dispense ma valeur d'un combat inégal ;
Trop peu d'honneur pour moi suivroit cette victoire :
A vaincre sans péril on triomphe sans gloire ;
On te croiroit toujours abattu sans effort,
Et j'aurois seulement le regret de ta mort.

D. RODRIGUE.

D'une indigne pitié ton audace est suivie :
Qui m'ose ôter l'honneur craint de m'ôter la vie !

LE COMTE.

Retire-toi d'ici.

D. RODRIGUE.

       Marchons sans discourir.

LE COMTE.

Es-tu si las de vivre ?

D. RODRIGUE.

       As-tu peur de mourir ?

LE COMTE.

Viens, tu fais ton devoir ; et le fils dégénère
Qui survit un moment à l'honneur de son père.

SCÈNE III.

L'INFANTE, CHIMÈNE, LÉONOR.

L'INFANTE.

Apaise, ma Chimène, apaise ta douleur ;
Fais agir ta constance en ce coup de malheur :
Tu reverras le calme après ce foible orage ;

Ton bonheur n'est couvert que d'un peu de nuage,
Et tu n'as rien perdu pour le voir différer.

CHIMÈNE.

Mon cœur outré d'ennui n'ose rien espérer.
Un orage si prompt qui trouble une bonace
D'un naufrage certain nous porte la menace ;
Je n'en saurois douter, je péris dans le port.
J'aimois, j'étois aimée, et nos pères d'accord ;
Et je vous en contois la première nouvelle
Au malheureux moment que naissoit leur querelle,
Dont le récit fatal, sitôt qu'on vous l'a fait,
D'une si douce attente a ruiné l'effet.
Maudite ambition, détestable manie,
Dont les plus généreux souffrent la tyrannie ;
Impitoyable honneur, mortel à mes plaisirs,
Que tu me vas coûter de pleurs et de soupirs !

L'INFANTE.

Tu n'as dans leur querelle aucun sujet de craindre ;
Un moment l'a fait naître, un moment va l'éteindre :
Elle a fait trop de bruit pour ne pas s'accorder,
Puisque déjà le roi les veut accommoder :
Et tu sais que mon ame, à les ennuis sensible,
Pour en tarir la source y fera l'impossible.

CHIMÈNE.

Les accommodemens ne font rien en ce point :
Les affronts à l'honneur ne se réparent point.
En vain on fait agir la force et la prudence ;
Si l'on guérit le mal ce n'est qu'en apparence ;
La haine que les cœurs conservent au dedans
Nourrit des feux cachés, mais d'autant plus ardens.

L'INFANTE.

Le saint nœud qui joindra don Rodrigue et Chimène
Des pères ennemis dissipera la haine,
Et nous verrons bientôt votre amour le plus fort

Par un heureux hymen étouffer ce discord.

CHIMÈNE.

Je le souhaite ainsi plus que je ne l'espère.
Don Diègue est trop altier, et je connois mon père.
Je sens couler des pleurs que je veux retenir :
Le passé me tourmente, et je crains l'avenir.

L'INFANTE.

Que crains-tu? d'un vieillard l'impuissante foiblesse?

CHIMÈNE.

Rodrigue a du courage.

L'INFANTE.

　　　　　Il a trop de jeunesse.

CHIMÈNE.

Les hommes valeureux le sont du premier coup.

L'INFANTE.

Tu ne dois pas pourtant le redouter beaucoup;
Il est trop amoureux pour te vouloir déplaire,
Et deux mots de ta bouche arrêtent sa colère.

CHIMÈNE.

S'il ne m'obéit point quel comble a mon ennui!
Et s'il peut m'obéir que dira-t-on de lui?
Etant né ce qu'il est, souffrir un tel outrage !
Soit qu'il cède ou résiste au feu qui me l'engage,
Mon esprit ne peut qu'être ou honteux ou confus
De son trop de respect ou d'un juste refus.

L'INFANTE.

Chimène est généreuse, et, quoique intéressée,
Elle ne peut souffrir une lâche pensée :
Mais si, jusques au jour de l'accommodement,
Je fais mon prisonnier de ce parfait amant,
Et que j'empêche ainsi l'effet de son courage,
Ton esprit amoureux n'aura-t-il point d'ombrage?

CHIMÈNE.

Ah, madame! en ce cas je n'ai plus de souci.

SCÈNE IV.

L'INFANTE, CHIMÈNE, LÉONOR, UN PAGE.

L'INFANTE.

Page, cherchez Rodrigue, et l'amenez ici.

LE PAGE.

Le comte de Gormas et lui...

CHIMÈNE,

Bon Dieu ! je tremble!

L'INFANTE,

Parlez.

LE PAGE.

De ce palais ils sont sortis ensemble.

CHIMÈNE!

Seuls ?

LE PAGE.

Seuls, et qui sembloient tout bas se quereller.

CHIMÈNE.

Sans doute ils sont aux mains, il n'en faut plus douter.
Madame, pardonnez à cette promptitude.

SCÈNE V.

L'INFANTE, LÉONOR.

L'INFANTE.

Hélas ! que dans l'esprit je sens d'inquiétude!
Je pleure ses malheurs, son amant me ravit;
Mon repos m'abandonne, et ma flamme revit.
Ce qui va séparer Rodrigue de Chimène
Fait renaître à la fois mon espoir et ma peine;
Et leur division, que je vois à regret,
Dans mon esprit charmé jette un plaisir secret.

LÉONOR.

Cette haute vertu qui règne dans votre âme
Se rend-elle sitôt à cette lâche flamme ?

L'INFANTE.

Ne la nomme point lâche à présent que chez moi,
Pompeuse et triomphante, elle me fait la loi ;
Porte-lui du respect puisqu'elle m'est si chère ;
Ma vertu la combat, mais malgré moi j'espère ;
Et d'un si fol espoir mon cœur mal défendu
Vole après un amant que Chimène a perdu.

LÉONOR.

Vous laissez choir ainsi ce glorieux courage,
Et la raison chez vous perd ainsi son usage.

L'INFANTE.

Ah ! qu'avec peu d'effet on entend la raison
Quand le cœur est atteint d'un si charmant poison !
Et lorsque le malade aime sa maladie
Qu'il a peine à souffrir que l'on y remédie !

LÉONOR.

Votre espoir vous séduit ; votre mal vous est doux :
Mais enfin ce Rodrigue est indigne de vous.

L'INFANTE.

Je ne le sais que trop ; mais si ma vertu cède
Apprends comme l'amour flatte un cœur qu'il possède.
Si Rodrigue une fois sort vainqueur du combat,
Si dessous sa valeur ce grand guerrier s'abat,
Je puis en faire cas, je puis l'aimer sans honte.
Que ne fera-t-il point s'il peut vaincre le comte ?
J'ose m'imaginer qu'à ses moindres exploits
Les royaumes entiers tomberont sous ses lois ;
Et mon amour flatteur déjà me persuade
Que je le vois assis au trône de Grenade,
Les Maures subjugués trembler en l'adorant,
L'Aragon recevoir ce nouveau conquérant,

Le Portugal se rendre, et ses nobles journées
Porter delà les mers ses hautes destinées,
Du sang des Africains arroser ses lauriers :
Enfin tout ce qu'on dit des plus fameux guerriers
Je l'attends de Rodrigue après celte victoire,
Et fais de son amour un sujet de ma gloire.

LÉONOR.

Mais, madame, voyez où vous portez son bras
Ensuite d'un combat qui peut-être n'est pas.

L'INFANTE.

Rodrigue est offensé, le comte a fait l'outrage,
Ils sont sortis ensemble ; en faut-il davantage ?

LÉONOR.

Je veux que ce combat demeure pour certain ;
Votre esprit va-t-il pas bien vite pour sa main ?

L'INFANTE.

Que veux-tu ! Je suis folle, et mon esprit s'égare :
Mais c'est le moindre mal que l'amour me prépar
Viens dans mon cabinet consoler mes ennuis,
Et ne me quitte point dans le trouble où je suis.

SCÈNE VI.

D. FERNAND, D. ARIAS, D. SANCHE, D. ALONSE.

D. FERNAND.

Le comte est donc si vain et si peu raisonnable ?
Ose-t-il croire encor son crime pardonnable ?

D. ARIAS.

Je l'ai de votre part long-temps entretenu ;
J'ai fait mon pouvoir, sire, et n'ai rien obtenu.

D. FERNAND.

Justes cieux ! Ainsi donc un sujet téméraire

A si peu de respect et de soin de me plaire !
Il offense don Diègue, et méprise son roi !
Au milieu de ma cour il me donne la loi !
Qu'il soit brave guerrier, qu'il soit grand capitaine,
Je saurai bien rabattre une humeur si hautaine :
Fût-il la valeur même et le dieu des combats,
Il verra ce que c'est que de n'obéir pas.
Quoi qu'ait pu mériter une telle insolence,
Je l'ai voulu d'abord traiter sans violence :
Mais puisqu'il en abuse allez dès aujourd'hui,
Soit qu'il résiste ou non, vous assurer de lui.

SCÈNE VII.

D. FERNAND, D. SANCHE, D. ARIAS.

D. SANCHE.

Peut-être un peu de temps le rendroit moins rebelle :
On l'a pris tout bouillant encor de sa querelle ;
Sire, dans la chaleur d'un premier mouvement,
Un cœur si généreux se rend malaisément :
Il voit bien qu'il a tort, mais une ame si haute
N'est pas sitôt réduite à confesser sa faute.

D. FERNAND.

Don Sanche, taisez-vous, et soyez averti
Qu'on se rend criminel à prendre son parti.

D. SANCHE.

J'obéis, et me tais ; mais, de grâce encor, sire,
Deux mots en sa défense.

D. FERNAND.

       Et que pourrez-vous dire ?

D. SANCHE.

Qu'une ame accoutumée aux grandes actions
Ne se peut abaisser à des soumissions.
Elle n'en conçoit point qui s'expliquent sans honte ;

Et c'est à ce mot seul qu'a résisté le comte.
Il trouve en son devoir un peu trop de rigueur,
Et vous obéiroit s'il avoit moins de cœur.
Commandez que son bras, nourri dans les alarmes,
Répare cette injure à la pointe des armes;
Il satisfera, sire; et vienne qui voudra,
Attendant qu'il l'ait su, voici qui répondra.

D. FERNAND.

Vous perdez le respect; mais je pardonne à l'âge,
Et j'excuse l'ardeur en un jeune courage.
Un roi dont la prudence a de meilleurs objets
Est meilleur ménager du sang de ses sujets;
Je veille pour les miens, mes soucis les conservent
Comme le chef a soin des membres qui le servent.
Ainsi votre raison n'est pas raison pour moi:
Vous parlez en soldat, je dois agir en roi;
Et quoi qu'on veuille dire, et quoi qu'il ose croire,
Le comte à m'obéir ne peut perdre sa gloire.
D'ailleurs l'affront me touche; il a perdu d'honneur
Celui que de mon fils j'ai fait le gouverneur.
S'attaquer à mon choix c'est se prendre à moi-même,
Et faire un attentat sur le pouvoir suprême.
N'en parlons plus. Au reste on a vu dix vaisseaux
De nos vieux ennemis arborer les drapeaux;
Vers la bouche du fleuve ils ont osé paroître.

D. ARIAS.

Les Maures ont appris par force à vous connoître;
Et, tant de fois vaincus, ils ont perdu le cœur
De se plus hasarder contre un si grand vainqueur.

D. FERNAND.

Ils en verront jamais sans quelque jalousie
Mon sceptre en dépit d'eux régir l'Andalousie;
Et ce pays si beau, qu'ils ont trop possédé,
Avec un œil d'envie est toujours regardé.

C'est l'unique raison qui m'a fait dans Séville
Placer depuis dix ans le trône de Castille
Pour les voir de plus près, et d'un ordre plus prompt
Renverser aussitôt ce qu'ils entreprendront.

D. ARIAS.

Sire, ils ont trop appris aux dépens de leurs têtes
Combien votre présence assure vos conquêtes ;
Vous n'avez rien à craindre.

D. FERNAND.

Et rien à négliger.
Le trop de confiance attire le danger ;
Et le même ennemi que l'on vient de détruire,
S'il sait prendre son temps, est capable de nuire.
Toutefois j'aurois tort de jeter dans les cœurs,
L'avis étant mal sûr, de paniques terreurs;
L'effroi que produiroit cette alarme inutile,
Dans la nuit qui survient, troubleroit trop la ville.
Faites doubler la garde aux murs et sur le port;
C'est assez pour ce soir.

SCÈNE VIII.

D. FERNAND, D. SANCHE, D. ARIAS, D. ALONSE.

D. ALONSE.

Sire, le comte est mort.
Don Diègue par son fils a vengé son offense.

D. FERNAND,

Dès que j'ai su l'affront j'ai prévu la vengeance,
Et j'ai voulu dès lors prévenir ce malheur.

D. ALONSE.

Chimène à vos genoux apporte sa douleur ;
Elle vient tout en pleurs vous demander justice.

D. FERNAND.

Bien qu'à ses déplaisirs mon ame compatisse,
Ce que le comte a fait semble avoir mérité
Ce juste châtiment de sa témérité.
Quelque juste pourtant que puisse être sa peine,
Je ne puis sans regret perdre un tel capitaine.
Après un long service à mon état rendu,
Après son sang pour moi mille fois répandu,
A quelque sentiment que son orgueil m'oblige,
Sa perte m'affoiblit et son trépas m'afflige.

SCÈNE IX.

D. FERNAND, D. DIÈGUE, CHIMÈNE, D. SANCHE, D. ARIAS, D. ALONSE.

CHIMÈNE.

Sire, sire, justice.

D. DIÈGUE.

Ah ! sire, écoutez-nous.

CHIMÈNE.

Je me jette à vos pieds.

D. DIÈGUE.

J'embrasse vos genoux.

CHIMÈNE.

Je demande justice.

D. DIÈGUE.

Entendez ma défense.

CHIMÈNE.

D'un jeune audacieux punissez l'insolence ;
Il a de votre sceptre abattu le soutien,
Il a tué mon père.

D. DIÈGUE.

Il a vengé le sien.

CHIMÈNE.

Au sang de ses sujets un roi doit la justice.

D. DIÈGUE.

Pour la juste vengeance il n'est point de supplice.

D. FERNAND.

Levez-vous l'un et l'autre, et parlez à loisir.
Chimène, je prends part à votre déplaisir;
D'une égale douleur je sens mon ame atteinte.

(A don Diègue.)

Vous parlerez après, ne troublez pas sa plainte.

CHIMÈNE.

Sire, mon père est mort; mes yeux ont vu son sang
Couler à gros bouillons de son généreux flanc.
Ce sang qui tant de fois garantit vos murailles,
Ce sang qui tant de fois vous gagna des batailles,
Ce sang qui tout sorti fume encor de courroux
De se voir répandu pour d'autres que pour vous,
Qu'au milieu des hasards n'osoit verser la guerre,
Rodrigue en votre cour vient d'en couvrir la terre.
Et, pour son coup d'essai, son indigne attentat
D'un si ferme soutien a privé votre état,
De vos meilleurs soldats abattu l'assurance,
Et de vos ennemis relevé l'espérance.
J'ai couru sur le lieu sans force et sans couleur;
Je l'ai trouvé sans vie. Excusez ma douleur,
Sire, la voix me manque à ce récit funeste;
Mes pleurs et mes soupirs vous diront mieux le reste.

D. FERNAND.

Prends courage, ma fille, et sache qu'aujourd'hui
Ton roi te veut servir de père au lieu de lui.

CHIMÈNE.

Sire, de trop d'honneur ma misère est suivie.
Je vous l'ai déjà dit, je l'ai trouvé sans vie;

Son flanc étoit ouvert, et, pour mieux m'émouvoir,
Son sang sur la poussière écrivoit mon devoir,
Ou plutôt sa valeur en cet état réduite
Me parloit par sa plaie et hâtoit ma poursuite;
Et, pour se faire entendre au plus juste des rois,
Par cette triste bouche elle empruntoit ma voix.
Sire, ne souffrez pas que sous votre puissance
Règne devant vos yeux une telle licence,
Que les plus valeureux avec impunité
Soient exposés aux coups de la témérité,
Qu'un jeune audacieux triomphe de leur gloire,
Se baigne dans leur sang et brave leur mémoire.
Un si vaillant guerrier qu'on vient de vous ravir
Eteint, s'il n'est vengé, l'ardeur de vous servir.
Enfin mon père est mort, j'en demande vengeance
Plus pour votre intérêt que pour mon allégeance;
Vous perdez en la mort d'un homme de son rang;
Vengez-la par une autre, et le sang par le sang;
Immolez, non à moi mais à votre couronne,
Mais à votre grandeur, mais à votre personne,
Immolez, dis-je, sire, au bien de tout l'état
Tout ce qu'enorgueillit un si haut attentat.

D. FERNAND.

Don Diègue, répondez.

D. DIÈGUE.

                  Qu'on est digne d'envie
Lorsqu'en perdant la force on perd aussi la vie;
Et qu'un long âge apprête aux hommes généreux,
Au bout de leur carrière, un destin malheureux!
Moi dont les longs travaux ont acquis tant de gloire;
Moi que jadis partout a suivi la victoire,
Je me vois aujourd'hui, pour avoir trop vécu,
Recevoir un affront et demeurer vaincu.
Ce que n'a pu jamais combat, siége, embuscade,

Ce que n'a pu jamais Aragon, ni Grenade,
Ni tous vos ennemis, ni tous mes envieux,
Le comte en votre cour l'a fait presque à vos yeux,
Jaloux de votre choix, et fier de l'avantage
Que lui donnoit sur moi l'impuissance de l'âge.
Sire, ainsi ces cheveux blanchis sous le harnois,
Ce sang pour vous servir prodigué tant de fois,
Ce bras, jadis l'effroi d'une armée ennemie,
Descendoient au tombeau tout chargés d'infamie
Si je n'eusse produit un fils digne de moi,
Digne de son pays et digne de son roi.
Il m'a prêté sa main, il a tué le comte,
Il m'a rendu l'honneur, il a lavé ma honte.
Si montrer du courage et du ressentiment,
Si venger un soufflet mérite un châtiment,
Sur moi seul doit tomber l'éclat de la tempête :
Quand le bras a failli l'on en punit la tête.
Qu'on nomme crime ou non ce qui fait nos débats,
Sire, j'en suis là tête, il n'en est que le bras.
Si Chimène se plaint qu'il a tué son père,
Il ne l'eût jamais fait si j'eusse pu le faire.
Immolez donc ce chef que les ans vont ravir,
Et conservez pour vous le bras, qui peut servir.
Aux dépens de mon sang satisfaites Chimène ;
Je n'y résiste point, je consens à ma peine ;
Et loin de murmurer d'un rigoureux décret,
Mourant sans déshonneur, je mourrai sans regret.

D. FERNAND.

L'affaire est importante, et, bien considérée,
Mérite en plein conseil d'être délibérée.
Don Sanche, remettez Chimène en sa maison ;
Don Diègue aura ma cour et sa foi pour prison.
Qu'on me cherche son fils. Je vous ferai justice.

I. 4

CHIMÈNE.

Il est juste, grand roi, qu'un meurtrier périsse.

D. FERNAND.

Prends du repos, ma fille, et calme tes douleurs.

CHIMÈNE.

M'ordonner du repos c'est croître mes malheurs.

ACTE TROISIÈME.

SCÈNE I.

D. RODRIGUE, ELVIRE.

ELVIRE.

Rodrigue, qu'as-tu fait? Où viens-tu, misérable?

D. RODRIGUE.

Suivre le triste cours de mon sort déplorable.

ELVIRE.

Où prends-tu cette audace et ce nouvel orgueil
De paroître en des lieux que tu remplis de deuil?
Quoi! viens-tu jusqu'ici braver l'ombre du comte?
Ne l'as-tu pas tué?

D. RODRIGUE.

     Sa vie étoit ma honte;
Mon honneur de ma main a voulu cet effort.

ELVIRE.

Mais chercher ton asile en la maison du mort?
Jamais un meurtrier en fit-il son refuge?

D. RODRIGUE.

Et je n'y viens aussi que m'offrir à mon juge.
Ne me regarde plus d'un visage étonné;
Je cherche le trépas après l'avoir donné.
Mon juge est mon amour, mon juge est ma Chimène;
Je mérite la mort de mériter sa haine;
Et j'en viens recevoir, comme un bien souverain,
Et l'arrêt de sa bouche et le coup de sa main.

ELVIRE.

Fuis plutôt de ses yeux, fuis de sa violence;

A ses premiers transports dérobe ta présence ;
Va, ne t'expose point aux premiers mouvemens
Que poussera l'ardeur de ses ressentimens.

D. RODRIGUE.

Non, non, ce cher objet, à qui j'ai pu déplaire,
Ne peut pour mon supplice avoir trop de colère ;
Et d'un heur sans pareil je me verrai combler
Si pour mourir plus tôt je puis la redoubler.

ELVIRE.

Chimène est au palais, de pleurs toute baignée,
Et n'en reviendra point que bien accompagnée.
Rodrigue, fuis de grâce, ôte-moi de souci :
Que ne dira-t-on point si l'on te voit ici ?
Veux-tu qu'un médisant, pour comble à sa misère,
L'accuse d'y souffrir l'assassin de son père ?
Elle va revenir... elle vient ; je la voi :
Du moins pour son honneur, Rodrigue, cache-toi.

(Il se cache.)

SCÈNE II.

D. SANCHE, CHIMÈNE, ELVIRE.

D. SANCHE.

Oui, madame, il vous faut de sanglantes victimes ;
Votre colère est juste et vos pleurs légitimes ;
Et je n'entreprends pas, à force de parler,
Ni de vous adoucir ni de vous consoler.
Mais si de vous servir je puis être capable,
Employez mon épée à punir le coupable ;
Employez mon amour à venger cette mort :
Sous vos commandemens mon bras sera trop fort.

CHIMÈNE.

Malheureuse !

D. SANCHE.

De grâce, acceptez mon service.

CHIMÈNE.

J'offenserois le roi, qui m'a promis justice.

D. SANCHE.

Vous savez qu'elle marche avec tant de langueur
Qu'assez souvent le crime échappe à sa longueur;
Son cours lent et douteux fait trop perdre de larmes:
Souffrez qu'un chevalier vous venge par les armes ;
La voie en est plus sûre et plus prompte à punir.

CHIMÈNE.

C'est le dernier remède; et s'il faut y venir,
Et que de mes malheurs cette pitié vous dure,
Vous serez libre alors de venger mon injure.

D. SANCHE.

C'est l'unique bonheur où mon ame prétend,
Et pouvant l'espérer je m'en vais trop content.

SCÈNE III.

CHIMÈNE, ELVIRE.

CHIMÈNE.

Enfin je me vois libre, et je puis sans contrainte
De mes vives douleurs te faire voir l'atteinte;
Je puis donner passage à mes tristes soupirs,
Je puis t'ouvrir mon ame et tous mes déplaisirs.
Mon père est mort, Elvire, et la première épée
Dont s'est armé Rodrigue a sa trame coupée.
Pleurez, pleurez, mes yeux, et fondez-vous en eau;
La moitié de ma vie a mis l'autre au tombeau,
Et m'oblige à venger, après ce coup funeste,
Celle que je n'ai plus sur celle qui me reste.

ELVIRE.

Reposez-vous, madame.

CHIMÈNE.

                Ah! que mal à propos,
Dans un malheur si grand, tu parles de repos!
Par où sera jamais ma douleur apaisée
Si je ne puis haïr la main qui l'a causée?
Et que puis-je espérer qu'un tourment éternel
Si je poursuis un crime aimant le criminel?

ELVIRE.

Il vous prive d'un père et vous l'aimez encore?

CHIMÈNE.

C'est peu de dire aimer, Elvire, je l'adore.
Ma passion s'oppose à mon ressentiment;
Dedans mon ennemi je trouve mon amant,
Et je sens qu'en dépit de toute ma colère
Rodrigue dans mon cœur combat encor mon père;
Il l'attaque, il le presse, il cède, il se défend,
Tantôt fort, tantôt foible, et tantôt triomphant;
Mais en ce dur combat de colère et de flamme
Il déchire mon cœur sans partager mon ame,
Et, quoi que mon amour ait sur moi de pouvoir,
Je ne consulte point pour suivre mon devoir.
Je cours sans balancer où mon honneur m'oblige.
Rodrigue m'est bien cher, son intérêt m'afflige,
Mon cœur prend son parti; mais malgré son effort
Je sais ce que je suis et que mon père est mort.

ELVIRE.

Pensez-vous le poursuivre?

CHIMÈNE.

                Ah! cruelle pensée,
Et cruelle poursuite où je me vois forcée!
Je demande sa tête et crains de l'obtenir;
Ma mort suivra la sienne, et je le veux punir.

ELVIRE.

Quittez, quittez, madame, un dessein si tragique;

Ne vous imposez point de loi si tyrannique.

CHIMÈNE.

Quoi ! j'aurai vu mourir mon père entre mes bras,
Son sang criera vengeance, je ne l'aurai pas !
Mon cœur, honteusement surpris par d'autres charmes,
Croira ne lui devoir que d'impuissantes larmes !
Et je pourrai souffrir qu'un amour suborneur
Sous un lâche silence étouffe mon honneur !

ELVIRE.

Madame, croyez-moi, vous serez excusable
De conserver pour vous un homme incomparable,
Un amant si chéri : vous avez assez fait ;
Vous avez vu le roi ; n'en pressez point d'effet,
Ne vous obstinez point en cette humeur étrange.

CHIMÈNE.

Il y va de ma gloire, il faut que je me venge ;
Et, de quoi que nous flatte un désir amoureux,
Tout excuse est honteuse aux esprits généreux.

ELVIRE.

Mais vous aimez Rodrigue, il ne peut vous déplaire.

CHIMÈNE.

Je l'avoue.

ELVIRE.

Après tout que pensez-vous donc faire ?

CHIMÈNE.

Pour conserver ma gloire et finir mon ennui
Le poursuivre, le perdre, et mourir après lui.

SCÈNE IV.

D. RODRIGUE, CHIMÈNE, ELVIRE.

D. RODRIGUE.

Eh bien ! sans vous donner la peine de poursuivre,
Assurez-vous l'honneur de m'empêcher de vivre.

CHIMÈNE.

Elvire, où sommes-nous? et qu'est-ce que je voi?
Rodrigue en ma maison! Rodrigue devant moi!

D. RODRIGUE.

N'épargnez point mon sang; goûtez sans résistance
La douceur de ma perte et de votre vengeance.

CHIMÈNE.

Hélas!

D. RODRIGUE.

Ecoute-moi.

CHIMÈNE.

Je me meurs.

D. RODRIGUE.

Un moment.

CHIMÈNE.

Va, laisse-moi mourir.

D. RODRIGUE.

Quatre mots seulement,
Après ne me réponds qu'avecque cette épée.

CHIMÈNE.

Quoi! du sang de mon père encor toute trempée?

D. RODRIGUE.

Ma Chimène.

CHIMÈNE.

Ote-moi cet objet odieux,
Qui reproche ton crime et ta vie à mes yeux.

D. RODRIGUE.

Regarde-le plutôt pour exciter ta haine,
Pour croître la colère et pour hâter ma peine.

CHIMÈNE.

Il est teint de mon sang.

D. RODRIGUE.

Plonge-le dans le mien,
Et fais-lui perdre ainsi la teinture du tien.

CHIMÈNE.

Ah ! quelle cruauté, qui tout en un jour tue.
Le père par le fer, la fille par la vue !
Ote-moi cet objet, je ne le puis souffrir :
Tu veux que je l'écoute, et tu me fais mourir !

D. RODRIGUE.

Je fais ce que tu veux, mais sans quitter l'envie
De finir par tes mains ma déplorable vie ;
Car enfin n'attends pas de mon affection
Un lâche repentir d'une bonne action.
De la main de ton père un coup irréparable
Déshonoroit du mien la vieillesse honorable ;
Tu sais comme un soufflet touche un homme de cœur ;
J'avois part à l'affront, j'en ai cherché l'auteur,
Je l'ai vu, j'ai vengé mon honneur et mon père ;
Je le ferois encor si j'avois à le faire.
Ce n'est pas qu'en effet contre mon père et moi
Ma flamme assez long-temps n'ait combattu pour toi ;
Juge de son pouvoir : dans une telle offense
J'ai pu douter encor si j'en prendrois vengeance :
Réduit à te déplaire ou souffrir un affront,
J'ai retenu ma main, j'ai cru mon bras trop prompt ;
Je me suis accusé de trop violence,
Et ta beauté sans doute emportoit la balance
Si je n'eusse opposé contre tous tes appas
Qu'un homme sans honneur ne te méritoit pas ;
Qu'après m'avoir chéri quand je vivois sans blâme
Qui m'aima généreux me haïroit infâme ;
Qu'écouter ton amour, obéir à sa voix,
C'étoit m'en rendre indigne et diffamer ton choix.
Je te le dis encore, et veux, tant que j'expire,
Sans cesse le penser et sans cesse le dire.
Je t'ai fait une offense, et j'ai dû m'y porter
Pour effacer ma honte et pour te mériter ;
Mais, quitte envers l'honneur et quitte envers mon père,

C'est maintenant à toi que je viens satisfaire;
C'est pour t'offrir mon sang qu'en ce lieu tu me vois.
J'ai fait ce que j'ai dû, je fais ce que je dois;
Je sais qu'un père mort t'arme contre mon crime,
Je ne t'ai pas voulu dérober ta victime:
Immole avec courage au sang qu'il a perdu
Celui qui met sa gloire à l'avoir répandu.

CHIMÈNE.

Ah! Rodrigue! il est vrai, quoique ton ennemie,
Je ne puis te blâmer d'avoir fui l'infamie;
Et de quelque façon qu'éclatent mes douleurs
Je ne t'accuse point, je pleure mes malheurs.
Je sais ce que l'honneur, après un tel outrage,
Demandoit à l'ardeur d'un généreux courage :
Tu n'as fait le devoir que d'un homme de bien;
Mais aussi le faisant tu m'as appris le mien.
Ta funeste valeur m'instruit par ta victoire:
Elle a vengé ton père, et soutenu ta gloire;
Même soin me regarde, et j'ai pour m'affliger
Ma gloire à soûtenir et mon père à venger.
Hélas! ton intérêt ici me désespère:
Si quelque autre malheur m'avoit ravi mon père,
Mon ame auroit trouvé dans le bien de te voir
Tout le soulagement qu'elle eût pu recevoir;
Et contre ma douleur j'aurois senti des charmes
Quand une main si chère eût essuyé mes larmes.
Mais il me faut te perdre après l'avoir perdu.
Cet effort sur ma flamme à mon honneur est dû;
Et cet affreux devoir, dont l'ordre m'assassine,
Me force à travailler moi-même à ta ruine.
Car enfin n'attends pas de mon affection
De lâches sentimens pour ta punition.
De quoi qu'en ta faveur notre amour m'entretienne,
Ma générosité doit répondre à la tienne:

Tu t'es en m'offensant montré digne de moi ;
Je me dois par ta mort montrer digne de toi.

D. RODRIGUE.

Ne diffère donc plus ce que l'honneur t'ordonne ;
Il demande ma tête, et je te l'abandonne :
Fais-en un sacrifice à ce noble intérêt ;
Le coup m'en sera doux aussi bien que l'arrêt.
Attendre après mon crime une lente justice
C'est reculer ta gloire autant que mon supplice ;
Je mourrai trop heureux mourant d'un coup si beau.

CHIMÈNE.

Va, je suis ta partie et non pas ton bourreau.
Si tu m'offres la tête, est-ce à moi de la prendre ?
Je la dois attaquer, mais tu dois la défendre ;
C'est d'un autre que toi qu'il me faut l'obtenir ;
Et je dois te poursuivre, et non pas te punir.

D. RODRIGUE.

De quoi qu'en ma faveur notre amour t'entretienne,
Ta générosité doit répondre à la mienne ;
Et pour venger un père emprunter d'autres bras,
Ma Chimène, crois-moi, c'est n'y répondre pas.
Ma main seule du mien a su venger l'offense,
Ta main seule du tien doit prendre la vengeance.

CHIMÈNE.

Cruel, à quel propos sur ce point t'obstiner ?
Tu t'es vengé sans aide, et tu m'en veux donner ?
Je suivrai ton exemple : et j'ai trop de courage
Pour souffrir qu'avec toi ma gloire se partage.
Mon père et mon honneur ne veulent rien devoir
Aux traits de ton amour ni de ton désespoir.

D. RODRIGUE.

Rigoureux point d'honneur ! Hélas ! quoi que je fasse,
Ne pourrai-je à la fin obtenir cette grâce ?
Au nom d'un père mort ou de notre amitié,

Punis-moi par vengeance, ou du moins par pitié ;
Ton malheureux amant aura bien moins de peine
A mourir par ta main qu'à vivre avec ta haine.

CHIMÈNE.

Va, je ne te hais point.

D. RODRIGUE.

Tu le dois.

CHIMÈNE.

Je ne puis.

D. RODRIGUE.

Crains-tu si peu le blâme et si peu les faux bruits ?
Quand on saura mon crime et que ta flamme dure,
Que ne publieront point l'envie et l'imposture ?
Force-les au silence, et sans plus discourir
Sauve ta renommée en me faisant mourir.

CHIMÈNE.

Elle éclate bien mieux en te laissant la vie ;
Et je veux que la voix de la plus noire envie
Elève au ciel ma gloire et plaigne mes ennuis,
Sachant que je t'adore et que je te poursuis.
Va-t'en, ne montre plus à ma douleur extrême
Ce qu'il faut que je perde, encore que je l'aime ;
Dans l'ombre de la nuit cache bien ton départ.
Si l'on te voit sortir, mon honneur court hasard ;
La seule occasion qu'aura la médisance
C'est de savoir qu'ici j'ai souffert ta présence :
Ne lui donne point lieu d'attaquer ma vertu.

D. RODRIGUE.

Que je meure.

CHIMÈNE.

Va-t'en.

D. RODRIGUE.

A quoi te résous-tu ?

CHIMÈNE.

Malgré des feux si beaux qui troublent ma colère
Je ferai mon possible à bien venger mon père ;
Mais malgré la rigueur d'un si cruel devoir
Mon unique souhait est de ne rien pouvoir.

D. RODRIGUE.

O miracle d'amour !

CHIMÈNE.

O comble de misères !

D. RODRIGUE.

Que de maux et de pleurs nous coûteront nos pères !

CHIMÈNE.

Rodrigue, qui l'eût cru !...

D. RODRIGUE.

Chimène, qui l'eût dit...

CHIMÈNE.

Que notre heur fût si proche, et sitôt se perdit !...

D. RODRIGUE.

Et que si près du port, contre toute apparence,
Un orage si prompt brisât notre espérance !

CHIMÈNE.

Ah! mortelles douleurs !

D. RODRIGUE.

Ah! regrets superflus !

CHIMÈNE.

Va-t'en, encore un coup, je ne t'écoute plus.

D. RODRIGUE.

Adieu. Je vais traîner une mourante vie,
Tant que par ta poursuite elle me soit ravie.

CHIMÈNE.

Si j'en obtiens l'effet, je t'engage ma foi
De ne respirer pas un moment après toi.
Adieu. Sors, et surtout garde bien qu'on te voie.

ELVIRE.

Madame, quelques maux qu le ciel nous envoie...

CHIMÈ E.

Ne m'importune plus, laisse-moi soupirer;
Je cherche le silence et la nuit pour pleurer.

SCÈNE V.

D. DIÈGUE seul.

Jamais nous ne goûtons de parfaite allégresse;
Nos plus heureux succès sont mêlés de tristesse;
Toujours quelques soucis en ces événemens
Troublent la pureté de nos contentemens.
Au milieu du bonheur mon ame en sent l'atteinte;
Je nage dans la joie, et je tremble de crainte;
J'ai vu mort l'ennemi qui m'avoit outragé,
Et je ne saurois voir la main qui m'a vengé.
En vain je m'y travaille, et d'un soin inutile,
Tout cassé que je suis, je cours toute la ville ;
Ce peu que mes vieux ans m'ont l issé de vigueur
Se consume sans fruit à chercher ce vainqueur.
A toute heure, en tout lieu, dans une nuit si sombre,
Je pense l'embrasser, et n'embrasse qu'une ombre;
Et mon amour, déçu par cet objet trompeur,
Se forme des soupçons qui redoublent ma peur.
Je ne découvre point de marques de sa fuite;
Je crains du comte mort les amis et la suite;
Leur nombre m'épouvante et confond ma raison.
Rodrigue ne vit plus, ou respire en prison.
Justes cieux! me trompé-je encore à l'apparence,
Ou si je vois enfin mon unique espérance?
C'est lui, n'en doutons plus; mes vœux sont exaucés;
Ma crainte est dissipée, et mes ennuis cessés.

SCÈNE VI.

D. DIÈGUE, D. RODRIGUE.

D. DIÈGUE.

Rodrigue, enfin le ciel permet que je te voie !

D. RODRIGUE.

Hélas !

D. DIÈGUE.

Ne mêle point de soupirs à ma joie ;
Laisse-moi prendre haleine, afin de te louer.
Ma valeur n'a point lieu de te désavouer,
Tu l'as bien imitée ; et ton illustre audace
Fait bien revivre en toi les héros de ma race.
C'est d'eux que tu descends, c'est de moi que tu viens.
Ton premier coup d'épée égale tous les miens ;
Et d'une belle ardeur ta jeunesse animée
Par cette grande épreuve atteint ma renommée.
Appui de ma vieillesse et comble de mon heur,
Touche ces cheveux blancs, à qui tu rends l'honneur ;
Viens baiser cette joue, et reconnois la place
Où fut empreint l'affront que ton courage efface.

D. RODRIGUE.

L'honneur vous en est dû : je ne pouvois pas moins,
Etant sorti de vous et nourri par vos soins :
Je me tiens trop heureux, et mon ame est ravie
Que mon coup d'essai plaise à qui je dois la vie.
Mais parmi vos plaisirs ne soyez point jaloux
Si j'ose satisfaire à moi-même après vous.
Souffrez qu'en liberté mon désespoir éclate ;
Assez et trop long-temps votre discours le flatte.
Je ne me repens point de vous avoir servi ;
Mais rendez-moi le bien que ce coup m'a ravi.
Mon bras pour vous venger armé contre ma flamme
Par ce coup glorieux m'a privé de mon ame ;

Ne me dites plus rien ; pour vous j'ai tout perdu :
Ce que je vous devois je vous l'ai bien rendu.

D. DIÈGUE.

Porte encore plus haut le fruit de ta victoire.
Je t'ai donné la vie, et tu me rends ma gloire ;
Et d'autant que l'honneur m'est plus cher que le jour,
D'autant plus maintenant je te dois de retour.
Mais d'un cœur magnanime éloigne ces foiblesses :
Nous n'avons qu'un honneur, il est tant de maîtresses !
L'amour n'est qu'un plaisir, l'honneur est un devoir.

D. RODRIGUE.

Ah ! que me dites-vous ?

D. DIÈGUE.

Ce que tu dois savoir.

D. RODRIGUE.

Mon honneur offensé sur moi-même se venge,
Et vous m'osez pousser à la honte du change !
L'infamie est pareille, et suit également
Le guerrier sans courage et le perfide amant.
A ma fidélité ne faites point d'injure ;
Souffrez-moi généreux sans me rendre parjure :
Mes liens sont trop forts pour être ainsi rompus ;
Ma foi m'engage encor si je n'espère plus ;
Et, ne pouvant quitter ni posséder Chimène,
Le trépas que je cherche est ma plus douce peine.

D. DIÈGUE.

Il n'est pas temps encor de chercher le trépas ;
Ton prince et ton pays ont besoin de ton bras.
La flotte qu'on craignoit, dans le grand fleuve entrée,
Vient surprendre la ville et piller la contrée ;
Les Maures vont descendre, et le flux et la nuit
Dans une heure à nos murs les amènent sans bruit.
La cour est en désordre et le peuple en alarmes ;
On n'entend que des cris, on ne voit que des larmes.

Dans ce malheur public mon bonheur a permis
Que j'ai trouvé chez moi cinq cents de mes amis,
Qui, sachant mon affront, poussés d'un même zèle,
Se venoient tous offrir à venger ma querelle:
Tu les a prévenus; mais leurs vaillantes mains
Se tremperont bien mieux au sang des Africains.
Va marcher à leur tête, où l'honneur te demande;
C'est toi que veut pour chef leur généreuse bande:
De ces vieux ennemis va soutenir l'abord;
Là, si tu veux mourir, trouve une belle mort:
Prends-en l'occasion puisqu'elle t'est offerte:
Fais devoir à ton roi son salut à ta perte.
Mais reviens-en plutôt les palmes sur le front;
Ne borne pas ta gloire à venger un affront:
Porte-la plus avant; force par ta vaillance
La justice au pardon, et Chimène au silence.
Si tu l'aimes, apprends que revenir vainqueur
C'est l'unique moyen de regagner son cœur.
Mais le temps est trop cher pour le perdre en paroles;
Je t'arrête en discours, et je veux que tu voles:
Viens, suis-moi; va combattre, et montrer à ton roi
Que ce qu'il perd au comte il le recouvre en toi.

———————

ACTE QUATRIÈME.

SCÈNE I.

CHIMÈNE, ELVIRE.

CHIMÈNE.

N'est-ce point un faux bruit ? Le sais-tu bien, Elvire ?

ELVIRE.

Vous ne croiriez jamais comme chacun l'admire,
Et porte jusqu'au ciel d'une commune voix
De ce jeune héros les glorieux exploits.
Les Maures devant lui n'ont paru qu'à leur honte :
Leur abord fut bien prompt; leur fuite encor plus prompte.
Trois heures de combats laissent à nos guerriers
Une victoire entière et deux rois prisonniers;
La valeur de leur chef ne trouvoit point d'obstacles.

CHIMÈNE.

Et la main de Rodrigue a fait tous ces miracles !

ELVIRE.

De ces nobles efforts ces deux rois sont le prix;
Sa main les a vaincus, et sa main les a pris.

CHIMÈNE.

De qui peux-tu savoir ces nouvelles étranges?

ELVIRE.

Du peuple, qui partout fait sonner ses louanges,
Le nomme de sa joie et l'objet et l'auteur,
Son ange tutélaire et son libérateur.

CHIMÈNE.

Et le roi de quel œil voit-il tant de vaillance?

ELVIRE.

Rodrigue n'ose encor paroître en sa présence;
Mais don Diègue ravi lui présente enchaînés,
Au nom de ce vainqueur, ces captifs couronnés,
Et demande pour grâce à ce généreux prince
Qu'il daigne voir la main qui sauve la province.

CHIMÈNE.

Mais n'est-il point blessé?

ELVIRE.

                    Je n'en ai rien appris.
Vous changez de couleur! Reprenez vos esprits.

CHIMÈNE.

Reprenons donc aussi ma colère affoiblie :
Pour avoir soin de lui faut-il que je m'oublie?
On le vante, on le loue, et mon cœur y consent !
Mon honneur est muet, mon devoir impuissant !
Silence, mon amour ! laisse agir ma colère :
S'il a vaincu deux rois, il a tué mon père;
Ces tristes vêtemens où je lis mon malheur
Sont les premiers effets qu'ait produits sa valeur;
Et, quoi qu'on dise ailleurs d'un cœur si magnanime,
Ici tous les objets me parlent de son crime.
Vous qui rendez la force à mes ressentimens,
Voiles, crêpes, habits, lugubres ornemens,
Pompe que me prescrit sa première victoire,
Contre ma passion soutenez bien ma gloire;
Et lorsque mon amour prendra trop de pouvoir
Parlez à mon esprit de mon triste devoir :
Attaquez sans rien craindre une main triomphante.

ELVIRE.

Modérez ces transports, voici venir l'infante.

SCÈNE II.

L'INFANTE, CHIMÈNE, LÉONOR, ELVIRE.

L'INFANTE.

Je ne viens pas ici consoler les douleurs ;
Je viens plutôt mêler mes soupirs à tes pleurs.

CHIMÈNE.

Prenez bien plutôt part à la commune joie ;
Et goûtez le bonheur que le ciel vous envoie.
Madame, autre que moi n'a droit de soupirer :
Le péril dont Rodrigue a su vous retirer,
Et le salut public que vous rendent ses armes,
A moi seule aujourd'hui permet encor les larmes.
Il a sauvé la ville, il a servi son roi,
Et son bras valeureux n'est funeste qu'à moi.

L'INFANTE.

Ma Chimène, il est vrai qu'il a fait des merveilles.

CHIMENE.

Déjà ce bruit fâcheux a frappé mes oreilles ;
Et je l'entends partout publier hautement
Aussi brave guerrier que malheureux amant.

L'INFANTE.

Qu'a de fâcheux pour toi ce discours populaire?
Ce jeune Mars qu'on loue a su jadis te plaire ;
Il possédoit ton ame, il vivoit sous tes lois ;
Et vanter sa valeur c'est honorer ton choix.

CHIMÈNE.

Chacun peut la vanter avec quelque justice ;
Mais pour moi sa louange est un nouveau supplice.
On aigrit ma douleur en l'élevant si haut ;
Je sens ce que je perds quand je vois ce qu'il vaut.
Ah! cruels déplaisirs à l'esprit d'une amante !
Plus j'apprends son mérite, et plus mon feu s'augmente.

Cependant mon devoir est toujours le plus fort,
Et malgré mon amour va poursuivre sa mort.

L'INFANTE.

Hier ce devoir te mit en une haute estime ;
L'effort que tu te fis parut si magnanime,
Si digne d'un grand cœur que chacun à la cour
Admiroit ton courage, et plaignoit ton amour.
Mais croirois-tu l'avis d'une amitié fidèle ?

CHIMÈNE.

Ne vous obéir pas me rendroit criminelle.

L'INFANTE.

Ce qui fut juste alors ne l'est plus aujourd'hui.
Rodrigue maintenant est notre unique appui,
L'espérance et l'amour d'un peuple qui l'adore
Le soutien de Castille et la terreur du Maure ;
Ses faits nous ont rendu ce qu'ils nous ont ôté :
Et ton père en lui seul se voit ressuscité ;
Et si tu veux enfin qu'en deux mots je m'explique
Tu poursuis en sa mort la ruine publique.
Quoi ! pour venger un père est-il jamais permis
De livrer sa patrie aux mains des ennemis ?
Contre nous ta poursuite est-elle légitime ?
Et pour être punis avons-nous part au crime ?
Ce n'est pas qu'après tout tu doives épouser
Celui qu'un père mort t'obligeoit d'accuser :
Je te voudrois moi-même en arracher l'envie :
Ote-lui ton amour, mais laisse-nous sa vie.

CHIMÈNE.

Ah ! ce n'est pas à moi d'avoir tant de bonté ;
Le devoir qui m'aigrit n'a rien de limité.
Quoique pour ce vainqueur mon ame s'intéresse,
Quoiqu'un peuple l'adore, et qu'un roi le caresse,
Qu'il soit environné des plus vaillans guerriers,
J'irai sous mes cyprès accabler ses lauriers.

L'INFANTE.

C'est générosité quand, pour venger un père,
Notre devoir attaque une tête si chère:
Mais c'en est une encor d'un plus illustre rang
Quand on donne au public les intérêts du sang.
Non, crois-moi, c'est assez que d'éteindre ta flamme;
Il sera trop puni s'il n'est plus dans ton ame.
Que le bien du pays t'impose cette loi :
Aussi bien que crois-tu que t'accorde le roi?

CHIMENE.

Il peut me refuser, mais je ne puis me taire.

L'INFANTE.

Pense bien, ma Chimène, à ce que tu veux faire.
Adieu. Tu pourras seule y songer à loisir.

CHIMENE.

Après mon père mort je n'ai point à choisir.

SCÈNE III.

D. FERNAND, D. DIÈGUE, D. ARIAS, D. RODRIGUE, D. SANCHE.

D. FERNAND.

Généreux héritier d'une illustre famille
Qui fut toujours la gloire et l'appui de Castille,
Race de tant d'aïeux en valeur signalés,
Que l'essai de la tienne a sitôt égalés,
Pour te récompenser ma force est trop petite,
Et j'ai moins de pouvoir que tu n'as de mérite.
Le pays délivré d'un si rude ennemi,
Mon sceptre dans ma main par la tienne affermi,
Et les Maures défaits, avant qu'en ces alarmes
J'eusse pu donner ordre à repousser leurs armes,
Ne sont point des exploits qui laissent à ton roi
Le moyen ni l'espoir de s'acquitter vers toi.

Mais les deux rois captifs seront ta récompense ;
Ils t'ont nommé tous deux leur Cid en ma présence :
Puisque Cid en leur langue est autant que seigneur,
Je ne t'envierai pas ce beau titre d'honneur ;
Sois désormais le Cid ; qu'à ce grand nom tout cède ;
Qu'il comble d'épouvante et Grenade et Tolède ;
Et qu'il marque à tous ceux qui vivent sous mes lois
Et ce que tu me vaux et ce que je te dois.

D. RODRIGUE.

Que votre majesté, sire, épargne ma honte ;
D'un si foible service elle fait trop de compte,
Et me force à rougir devant un si grand roi
De mériter si peu l'honneur que j'en reçoi.
Je sais trop que je dois au bien de votre empire
Et le sang qui m'anime et l'air que je respire ;
Et quand je les perdrai pour un si digne objet
Je ferai seulement le devoir d'un sujet.

D. FERNAND.

Tous ceux que ce devoir à mon service engage
Ne s'en acquittent pas avec même courage ;
Et, lorsque la valeur ne va point dans l'excès,
Elle ne produit point de si rares succès.
Souffre donc qu'on te loue ; et de cette victoire
Apprends-moi plus au long la véritable histoire.

D. RODRIGUE.

Sire, vous avez su qu'en ce danger pressant
Qui jeta dans la ville un effroi si puissant
Une troupe d'amis chez mon père assemblée
Sollicita mon ame encor toute troublée...
Mais, sire, pardonnez à ma témérité,
Si j'osai l'employer sans votre autorité ;
Le péril approchoit ; leur brigade étoit prête ;
Me montrant à la cour je hasardois ma tête ;
Et s'il falloit la perdre il m'étoit bien plus doux

De sortir de la vie en combattant pour vous.

D .FERNAND.

J'excuse ta chaleur à venger ton offense,
Et l'état défendu me parle en ta défense.
Crois que dorénavant Chimène a beau parler,
Je ne l'écoute plus que pour la consoler.
Mais poursuis.

D. RODRIGUE.

        Sous moi donc cette troupe s'avance,
Et porte sur le front une mâle assurance.
Nous partîmes cinq cents; mais par un prompt renfort
Nous nous vîmes trois mille en arrivant au port,
Tant à nous voir marcher en si bon équipage
Les plus épouvantés reprenoient du courage !
J'en cache les deux tiers aussitôt qu'arrivés
Dans le fond des vaisseaux qui lors furent trouvés;
Le reste, dont le nombre augmentoit à toute heure,
Brûlant d'impatience, autour de moi demeure,
Se couche contre terre, et sans faire aucun bruit
Passe une bonne part d'une si belle nuit.
Par mon commandement la garde en fait de même,
Et se tenant cachée aide à mon stratagème ;
Et je feins hardiment d'avoir reçu de vous
L'ordre qu'on me voit suivre et que je donne à tous.
Cette obscure clarté qui tombe des étoiles
Enfin avec le flux nous fait voir trente voiles;
L'onde s'enfle dessous et d'un commun effort
Les Maures et la mer montent jusques au port.
On les laisse passer, tout leur paroît tranquille;
Point de soldats au port, point aux murs de la ville.
Notre profond silence abusant leurs esprits,
Ils n'osent plus douter de nous avoir surpris;
Ils abordent sans peur, ils ancrent, ils descendent,
Et courent se livrer aux mains qui les attendent.

Nous nous levons alors, et tous en même temps
Poussons jusques au ciel mille cris éclatans.
Les nôtres à ces cris de nos vaisseaux répondent ;
Ils paroissent armés. Les Maures se confondent,
L'épouvante les prend à demi descendus ;
Avant que de combattre ils s'estiment perdus.
Ils couroient au pillage, et rencontrent la guerre ;
Nous les pressons sur l'eau, nous les pressons sur terre,
Et nous faisons courir des ruisseaux de leur sang
Avant qu'aucun résiste ou reprenne son rang.
Mais bientôt, malgré nous leurs princes les rallient ;
Leur courage renaît et leurs terreurs s'oublient ;
La honte de mourir sans avoir combattu
Arrête leur désordre et leur rend la vertu.
Contre nous de pied ferme ils tirent leurs épées :
Des plus braves soldats les trames sont coupées,
Et la terre, et le fleuve, et leur flotte, et le port
Sont des champs de carnage où triomphe la mort.
Oh ! combien d'actions, combien d'exploits célèbres
Sont demeurés sans gloire au milieu des ténèbres,
Où chacun seul témoin des grands coups qu'il donnoit,
Ne pouvoit discerner où le sort inclinoit !
J'allois de tous côtés encourager les nôtres,
Faire avancer les uns, et soutenir les autres,
Ranger ceux qui venoient, les pousser à leur tour,
Et ne l'ai pu savoir jusques au point du jour.
Mais enfin sa clarté montre notre avantage ;
Le Maure voit sa perte et perd soudain courage ;
Et voyant un renfort qui nous vient secourir,
L'ardeur de vaincre cède à la peur de mourir.
Ils gagnent leurs vaisseaux, ils en coupent les cables,
Poussent jusques aux cieux des cris épouvantables,
Font retraite en tumulte, et sans considérer
Si leurs rois avec eux peuvent se retirer.
Ainsi leur devoir cède à la frayeur plus forte ;

Le flux les apporta, le reflux les remporte,
Cependant que leurs rois engagés parmi nous
Et quelque peu des leurs tout percés de nos coups
Disputent vaillamment et vendent bien leur vie
A se rendre moi-même en vain je les convie;
Le cimeterre au poing, ils ne m'écoutent pas:
Mais voyant à leurs pieds tomber tous leurs soldats,
Et que seuls désormais en vain ils se défendent,
Ils demandent le chef : je me nomme, ils se rendent :
Je vous les envoyai tous deux en même temps ;
Et le combat cessa faute de combattans.
C'est de cette façon que pour votre service...

SCÈNE IV.

D. FERNAND, D. DIÈGUE, D. RODRIGUE, D. ARIAS, D. SANCHE, D. ALONSE.

D. ALONSE.

Sire, Chimène vient vous demander justice.

D. FERNAND.

La fâcheuse nouvelle, et l'importun devoir !
Va, je ne la veux pas obliger à te voir:
Pour tous remerciemens il faut que je te chasse ;
Mais avant que sortir viens, que ton roi t'embrasse.

(D. Rodrigue rentre.)

D. DIÈGUE.

Chimène le poursuit et voudroit le sauver.

D. FERNAND.

On m'a dit qu'elle l'aime, et je vais l'éprouver.
Montrez un œil plus triste.

SCÈNE V.

D. FERNAND, D. DIÈGUE, D. ARIAS,
D. SANCHE, D. ALONSE, CHIMÈNE, ELVIRE.

D. FERNAND.

Enfin soyez contente,
Chimène ; le succès répond à votre attente.
Si de nos ennemis Rodrigue a le dessus,
Il est mort à nos yeux des coups qu'il a reçus ;
Rendez grâces au ciel, qui vous en a vengée.

(A D. Diègue.)

Voyez comme déjà sa couleur est changée.

D. DIÈGUE.

Mais voyez qu'elle pâme, et d'un amour parfait
Dans cette pâmoison, sire, admirez l'effet.
Sa douleur a trahi les secrets de son ame,
Et ne vous permet plus de douter de sa flamme.

CHIMÈNE.

Quoi ! Rodrigue est donc mort ?

D. FERNAND.

Non, non, il voit le jour,
Et te conserve encor un immuable amour.
Calme cette douleur qui pour lui s'intéresse.

CHIMÈNE.

Sire, on pâme de joie ainsi que de tristesse,
Un excès de plaisir nous rend tout languissans,
Et quand il surprend l'ame il accable les sens.

D. FERNAND.

Tu veux qu'en ta faveur nous croyions l'impossible ;
Chimène, ta douleur a paru trop visible.

CHIMÈNE.

Eh bien ! sire, ajoutez ce comble à mon malheur,

Nommez ma pâmoison l'effet de ma douleur,
Un juste déplaisir à ce point m'a réduite;
Son trépas déroboit sa tête à ma poursuite.
S'il meurt des coups reçus pour le bien du pays,
Ma vengeance est perdue et mes desseins trahis;
Une si belle fin m'est trop injurieuse;
Je demande sa mort, mais non pas glorieuse,
Non pas dans un éclat qui l'élève si haut,
Non pas au lit d'honneur, mais sur un échafaud.
Qu'il meure pour mon père et non pour la patrie;
Que son nom soit taché, sa mémoire flétrie;
Mourir pour le pays n'est pas un triste sort;
C'est s'immortaliser par une belle mort.
J'aime donc sa victoire, et je le puis sans crime;
Elle assure l'état, et me rend ma victime,
Mais noble, mais fameuse entre tous les guerriers,
Le chef au lieu de fleurs couronné de lauriers,
Et, pour dire en un mot ce que j'en considère,
Digne d'être immolée aux mânes de mon père.
Hélas! à quel espoir me laissé-je emporter?
Rodrigue de ma part n'a rien redouter.
Que pourroient contre lui des larmes qu'on méprise?
Pour lui tout votre empire est un lieu de franchise;
Là, sous votre pouvoir, tout lui devient permis,
Il triomphe de moi comme des ennemis;
Dans leur sang répandu la justice étouffée
Au crime du vainqueur sert d'un nouveau trophée.
Nous en croissons la pompe, et le mépris des lois
Nous fait suivre son char au milieu de deux rois.

D. FERNAND.

Ma fille, ces transports ont trop de violence:
Quand on rend la justice on met tout en balance.
On a tué ton père; il étoit l'agresseur:
Et la même équité m'ordonne la douceur.

Avant que d'accuser ce que j'en fais paroître
Consulte bien ton cœur; Rodrigue en est le maître,
Et ta flamme en secret rend grâces à ton roi,
Dont la faveur conserve un tel amant pour toi.

CHIMÈNE.

Pour moi, mon ennemi! l'objet de ma colère!
L'auteur de mes malheurs! l'assassin de mon père!
De ma juste poursuite on fait si peu de cas
Qu'on me croit obliger en ne m'écoutant pas!
Puisque vous refusez la justice à mes larmes,
Sire, permettez-moi de recourir aux armes;
C'est par là seulement qu'il a su m'outrager,
Et c'est aussi par là que je me dois venger.
A tous vos chevaliers je demande sa tête;
Oui, qu'un d'eux me l'apporte, et je suis sa conquête;
Qu'ils le combattent, sire; et le combat fini
J'épouse le vainqueur si Rodrigue est puni.
Sous votre autorité souffrez qu'on le publie.

D. FERNAND.

Cette vieille coutume en ces lieux établie,
Sous couleur de punir un injuste intentat,
Des meilleurs combattans affoiblit un état.
Souvent de cet abus le succès déplorable
Opprime l'innocent et soutient le coupable:
J'en dispense Rodrigue; il m'est trop précieux
Pour l'exposer aux coups d'un sort capricieux;
Et, quoi qu'ait pu commettre un cœur si magnanime,
Les Maures en fuyant ont emporté son crime.

D. DIÈGUE.

Quoi, sire! pour lui seul vous renversez des lois
Qu'a vu toute la cour observer tant de fois!
Que croira votre peuple? et que dira l'envie
Si, sous votre défense, il ménage sa vie,
Et s'en fait un prétexte à ne paroître pas
Où tous les gens d'honneur cherchent un beau trépas?

De pareilles faveurs terniroient trop sa gloire :
Qu'il goûte sans rougir les fruits de sa victoire.
Le comte eut de l'audace, il l'en a su punir ;
Il l'a fait en brave homme, et le doit maintenir.

D. FERNAND.

Puisque vous le voulez, j'accorde qu'il le fasse.
Mais d'un guerrier vaincu mille prendroient la place ;
Et le prix que Chimène au vainqueur a promis
De tous mes chevaliers feroit ses ennemis.
L'opposer seul à tous seroit trop d'injustice ;
Il suffit qu'une fois il entre dans la lice.
Choisis qui tu voudras, Chimène, et choisis bien :
Mais après ce combat ne demande plus rien.

D. DIÈGUE.

N'excusez point par là ceux que son bras étonne ;
Laissez un champ ouvert où n'entrera personne.
Après ce que Rodrigue a fait voir aujourd'hui
Quel courage assez vain s'oseroit prendre à lui ?
Qui se hasarderoit contre un tel adversaire ?
Qui seroit ce vaillant ou bien ce téméraire ?

D. SANCHE.

Faites ouvrir le champ, vous voyez l'assaillant ;
Je suis ce téméraire ou plutôt ce vaillant.

(A Chimène.)

Accordez cette grâce à l'ardeur qui me presse,
Madame ; vous savez quelle est votre promesse.

D. FERNAND.

Chimène, remets-tu ta querelle en sa main ?

CHIMÈNE.

Sire, je l'ai promis.

D. FERNAND.

Soyez prêt à demain.

D. DIÈGUE.

Non, sire, il ne faut pas différer davantage ;

On est toujours tout prêt quand on a du courage.

D. FERNAND.

Sortir d'une bataille, et combattre à l'instant !

D. DIÈGUE.

Rodrigue a pris haleine en vous la racontant.

D. FERNAND.

Du moins une heure ou deux je veux qu'il se délasse;
Mais, de peur qu'en exemple un tel combat ne passe,
Pour témoigner à tous qu'à regret je permets
Un sanglant procédé qui ne me plut jamais,
De moi ni de ma cour il n'aura la présence.

(À D. Arias.)

Vous seul des combattans jugerez la vaillance :
Ayez soin que tous deux fassent en gens de cœur ;
Et le combat fini m'amenez le vainqueur.
Quel qu'il soit, même prix est acquis à sa peine ;
Je le veux de ma main présenter à Chimène,
Et que pour récompense il reçoive sa foi.

CHIMÈNE.

Quoi, sire ! m'imposer une si dure loi !

D. FERNAND.

Tu t'en plains; mais ton feu, loin t'avouer ta plainte,
Si Rodrigue est vainqueur, l'accepte sans contrainte.
Cesse de murmurer contre un arrêt si doux :
Qui que ce soit des deux, j'en ferai ton époux,

ACTE CINQUIÈME.

SCÈNE I.

D. RODRIGUE, CHIMÈNE.

CHIMÈNE.

Quoi! Rodrigue, en plein jour! D'où te vient cette audac
Va, tu me perds d'honneur ; retire-toi, de grâce.

D. RODRIGUE.

Je vais mourir, madame, et vous viens en ce lieu,
Avant le coup mortel, dire un dernier adieu.
Cet immuable amour qui sous vos lois m'engage
N'ose accepter ma mort sans vous en faire hommage.

CHIMÈNE.

Tu vas mourir !

D. RODRIGUE.

      Je cours à ces heureux momens,
Qui vont livrer ma vie à vos ressentîmens.

CHIMÈNE.

Tu vas mourir ! Don Sanche est-il si redoutable
Qu'il donne l'épouvante à ce cœur indomptable ?
Qui t'a rendu si foible, ou qui le rend si fort?
Rodrigue va combattre, et se croit déjà mort!
Celui qui n'a pas craint les Maures ni mon père
Va combattre don Sanche, et déjà désespère !
Ainsi donc au besoin ton courage s'abat?

D. RODIGUE.

Je cours à mon supplice et non pas au combat ;
Et ma fidèle ardeur sait bien m'ôter l'envie,
Quand vous cherchez ma mort, de défendre ma vie.

J'ai toujours même cœur, mais je n'ai point de bras
Quand il faut conserver ce qui ne vous plaît pas;
Et déjà cette nuit m'auroit été mortelle
Si j'eusse combattu pour ma seule querelle.
Mais défendant mon roi, son peuple et mon pays,
A me défendre mal je les aurois trahis.
Mon esprit généreux ne hait pas tant la vie
Qu'il en veuille sortir par une perfidie.
Maintenant qu'il s'agit de mon seul intérêt,
Vous demandez ma mort, j'en accepte l'arrêt;
Votre ressentiment choisit la main d'un autre,
Je ne méritois pas de mourir de la vôtre:
On ne me verra point en repousser les coups;
Je dois plus de respect à qui combat pour vous;
Et, ravi de penser que c'est de vous qu'ils viennent,
Puisque c'est votre honneur que ses armes soutiennent,
Je vais lui présenter mon estomac ouvert,
Adorant en sa main la vôtre qui me perd.

CHIMÈNE.

Si d'un triste devoir la juste violence,
Qui me fait malgré moi poursuivre ta vaillance,
Prescrit à ton amour une si forte loi
Qu'il te rend sans défense à qui combat pour moi,
En cet aveuglement ne perds pas la mémoire
Qu'ainsi que de ta vie il y va de ta gloire,
Et que, dans quelque éclat que Rodrigue ait vécu,
Quand on le saura mort on le croira vaincu.
Ton honneur t'est plus cher que je ne te suis chère
Puisqu'il trempe tes mains dans le sang de mon père,
Et te fait renoncer, malgré ta passion,
A l'espoir le plus doux de ma possession.
Je t'en vois cependant faire si peu de compte
Que sans rendre combat tu veux qu'on te surmonte!
Quelle inégalité ravale ta vertu?
Pourquoi ne l'as-tu plus? ou pourquoi l'avois-tu?

Quoi ! n'es-tu généreux que pour me faire outrage ?
S'il ne faut m'offenser n'as-tu point courage ?
Et traites-tu mon père avec tant de rigueur
Qu'après l'avoir vaincu tu souffres un vainqueur ?
Va, sans vouloir mourir, laisse-moi te poursuivre,
Et défends ton honneur si tu ne veux plus vivre.

D. RODRIGUE.

Après la mort du comte et les Maures défaits
Faudroit-il à ma gloire encor d'autres effets ?
Elle peut dédaigner le soin de me défendre ;
On sait que mon courage ose tout entreprendre,
Que ma valeur peut tout, et que dessous les cieux
Auprès de mon honneur rien ne m'est précieux.
Non, non, en ce combat, quoi que vous veuilliez croire,
Rodrigue peut mourir sans hasarder sa gloire,
Sans qu'on l'ose accuser d'avoir manqué de cœur,
Sans passer pour vaincu, sans souffrir un vainqueur.
On dira seulement : « Il adoroit Chimène ;
Il n'a pas voulu vivre et mériter sa haine,
Il a cédé lui-même à la rigueur du sort
Qui forçoit sa maîtresse à poursuivre sa mort :
Elle vouloit sa tête ; et son cœur magnanime
S'il l'en eût refusée eût pensé faire un crime.
Pour venger son honneur il perdit son amour ;
Pour venger sa maîtresse il a quitté le jour,
Préférant, quelque espoir qu'eût son ame asservie,
Son honneur à Chimène, et Chimène à sa vie. »
Ainsi donc vous verrez ma mort, en ce combat,
Loin d'obscurcir ma gloire en rehausser l'éclat ;
Et cet honneur suivra mon trépas volontaire,
Que tout autre que moi n'eût pu vous satisfaire.

CHIMÈNE.

Puisque pour t'empêcher de courir au trépas
Ta vie et ton honneur sont de foibles appas,
Si jamais je t'aimai, cher Rodrigue, en revanche

Défends-toi maintenant pour m'ôter à don Sanche;
Combats pour m'affranchir d'une condition
Qui me livre à l'objet de mon aversion.
Te dirai-je encor plus? va, songe à ta défense,
Pour forcer mon devoir, pour m'imposer silence;
Et si tu sens pour moi ton cœur encore épris,
Sors vainqueur d'un combat dont Chimène est le prix.
Adieu. Ce mot lâché me fait rougir de honte.

SCÈNE II.

D. RODRIGUE seul.

Est-il quelque ennemi qu'à présent je ne dompte?
Paroissez, Navarrois, Maures et Castillans,
Et tout ce que l'Espagne a nourri de vaillans;
Unissez-vous ensemble, et faites une armée
Pour combattre une main de la sorte animée;
Joignez tous vos efforts contre un espoir si doux;
Pour en venir à bout c'est trop peu que de vous.

SCÈNE III.

L'INFANTE.

T'écouterai-je encor, respect de ma naissance,
    Qui fais un crime de mes feux?
T'écouterai-je, amour, dont la douce puissance
Contre ce fier tyran fait révolter mes vœux?
    Pauvre princesse, auquel des deux
    Dois-tu prêter obéissance?
Rodrigue, ta valeur te rend digne de moi;
Mais, pour être vaillant, tu n'es pas fils roi.

Impitoyable sort, dont la rigueur sépare
    Ma gloire d'avec mes désirs!
Est-il dit que le choix d'une vertu si rare

Coûte à ma passion de si grands déplaisirs?
     O ciel! à combien de soupirs
     Faut que mon cœur se prépare
Si jamais il n'obtient, sur un si long tourment,
Ni d'éteindre l'amour, ni d'accepter l'amant?

Mais c'est trop de scrupule; et ma raison s'étonne
     Du mépris d'un si digne choix :
Bien qu'aux monarques seuls ma naissance me donne,
Rodrigue, avec honneur je vivrai sous tes lois.
     Après avoir vaincu deux rois
     Pourrois-tu manquer de couronne?
Et ce grand nom de Cid, que tu viens de gagner,
Ne fait-il pas trop voir sur qui tu dois régner?

Il est digne de moi : mais il est à Chimène;
     Le don que j'en ai fait me nuit.
Entre eux la mort d'un père a si peu mis de haine
Que le devoir du sang à regret le poursuit :
     Ainsi n'espérons aucun fruit
     De son crime ni de ma peine,
Puisque pour me punir le destin a permis
Que l'amour dure même entre deux ennemis.

SCÈNE IV.

L'INFANTE, LÉONOR.

L'INFANTE.

Où viens-tu, Léonor?

LÉONOR.

     Vous applaudir, madame,
Sur le repos qu'enfin a retrouvé votre ame.

L'INFANTE.

D'où viendroit ce repos dans un comble d'ennui?

LÉONOR.

Si l'amour vit d'espoir, et s'il meurt avec lui,
Rodrigue ne peut plus charmer votre courage :
Vous savez le combat où Chimène l'engage ;
Puisqu'il faut qu'il y meure ou qu'il soit son mari,
Votre espérance est morte et votre esprit guéri.

L'INFANTE.

Ah ! qu'il s'en faut encor !

LÉONOR.

Que pouvez-vous prétendre ?

L'INFANTE.

Mais plutôt quel espoir me pourrois-tu défendre ?
Si Rodrigue combat sous ces conditions,
Pour en rompre l'effet j'ai trop d'inventions ;
L'amour, ce doux auteur de mes cruels supplices,
Aux esprits des amans apprend trop d'artifices.

LÉONOR.

Pourrez-vous quelque chose après qu'un père mort
N'a pu dans leurs esprits allumer de discord ?
Car Chimène aisément montre par sa conduite
Que la haine aujourd'hui ne fait pas sa poursuite.
Elle obtient un combat, et pour son combattant
C'est le premier offert qu'elle accepte à l'instant.
Elle n'a point recours à ces mains généreuses
Que tant d'exploits fameux rendent si glorieuses ;
Don Sanche lui suffit, et mérite son choix
Parcequ'il va s'armer pour la première fois :
Elle aime en ce duel son peu d'expérience ;
Comme il est sans renom, elle est sans défiance :
Un tel choix, et si prompt, vous doit bien faire voir
Qu'elle cherche un combat qui force son devoir,
Qui livre à son Rodrigue une victoire aisée,
Et l'autorise enfin à paroître apaisée.

Je le remarque assez ; et toutefois mon cœur
A l'envi de Chimène adore ce vainqueur.
A quoi me résoudrai-je, amante infortunée ?

LÉONOR.

A vous mieux souvenir de qui vous êtes née ;
Le ciel vous doit un roi, vous aimez un sujet.

L'INFANTE.

Mon inclination a bien changé d'objet.
Je n'aime plus Rodrigue, un simple gentilhomme ;
Non, ce n'est plus ainsi que mon amour le nomme :
Si j'aime, c'est l'auteur de tant de beaux exploits,
C'est le valeureux Cid, le maître de deux rois.
Je me vaincrai pourtant, non de peur d'aucun blâme,
Mais pour ne troubler pas une si belle flamme ;
Et quand, pour m'obliger, on l'auroit couronné,
Je ne veux point reprendre un bien que j'ai donné.
Puisqu'en un tel combat sa victoire est certaine,
Allons encore un coup le donner à Chimène.
Et toi qui vois les traits dont mon cœur est percé,
Viens me voir achever comme j'ai commencé.

SCÈNE V.

CHIMÈNE, ELVIRE.

CHIMÈNE.

Elvire que je souffre ! et que je suis à plaindre !
Je ne sais qu'espérer ; et je vois tout à craindre.
Aucun vœu ne m'échappe où j'ose consentir ;
Je ne souhaite rien sans un prompt repentir ;
A deux rivaux pour moi je fais prendre les armes ;
Le plus heureux succès me coûtera des larmes ;
Et, quoi qu'en ma faveur en ordonne le sort,
Mon père est sans vengeance, ou mon amant est mort.

ELVIRE.

D'un et d'autre côté je vous vois soulagée ;
Ou vous avez Rodrigue, ou vous êtes vengée :
Et quoi que le destin puisse ordonner de vous,
Il soutient votre gloire et vous donne un époux.

CHIMÈNE.

Quoi ! l'objet de ma haine ou bien de ma colère !
L'assassin de Rodrigue ou celui de mon père !
De tous les deux côtés on me donne un mari
Encor tout teint du sang que j'ai le plus chéri.
De tous les deux côtés mon ame se rebelle ;
Je crains plus que la mort la fin de ma querelle.
Allez, vengeance, amour, qui troublez mes esprits,
Vous n'avez point pour moi de douceurs à ce prix.
Et toi, puissant moteur du destin qui m'outrage,
Termine ce combat sans aucun avantage,
Sans faire aucun des deux ni vaincu ni vainqueur.

ELVIRE.

Ce seroit vous traiter avec trop de rigueur.
Ce combat pour votre ame est un nouveau supplice
S'il vous laisse obligée à de mander justice,
A témoigner toujours ce haut ressentiment,
Et poursuivre toujours la mort de votre amant.
Madame, il vaut bien mieux que sa rare vaillance,
Lui couronnant le front, vous impose silence,
Que la loi du combat étouffe vos soupirs,
Et que le roi vous force à suivre vos désirs.

CHIMÈNE.

Quand il sera vainqueur, crois-tu que je me rende ?
Mon devoir est trop fort, et ma perte trop grande ;
Et ce n'est pas assez pour leur faire la loi
Que celle du combat et le vouloir du roi.
Il peut vaincre don Sanche avec fort peu de peine,
Mais non pas avec lui la gloire de Chimène :

Et quoi qu'à sa victoire un monarque ait promis,
Mon honneur lui fera mille autres ennemis.

ELVIRE.

Gardez, pour vous punir de cet orgueil étrange,
Que le ciel à la fin ne souffre qu'on vous venge.
Quoi! vous voulez encor refuser le bonheur
De pouvoir maintenant vous taire avec honneur !
Que prétend ce devoir, et qu'est-ce qu'il espère ?
La mort de votre amant vous rendra-t-elle un père?
Est-ce trop peu pour vous que d'un coup de malheur?
Faut-il perte sur perte, et douleur sur douleur ?
Allez, dans le caprice où votre humeur s'obstine,
Vous ne méritez pas l'amant qu'on vous destine;
Et nous verrons du ciel l'équitable courroux
Vous laisser par sa mort don Sanche pour époux.

CHIMÈNE.

Elvire, c'est assez des peines que j'endure,
Ne les redouble point par ce funeste augure.
Je veux, si je le puis, les éviter tous deux,
Sinon en ce combat Rodrigue a tous mes vœux.
Non qu'une folle ardeur de son côté me penche;
Mais s'il étoit vaincu je serois à don Sanche;
Cette appréhension fait naître mon souhait.
Que vois-je, malheureuse ! Elvire, c'en est fait.

SCÈNE VI.

D. SANCHE, CHIMÈNE, ELVIRE,

D. SANCHE.

Madame, à vos genoux j'apporte cette épée....

CHIMÈNE.

Quoi ! du sang de Rodrigue encor toute trempée !
Perfide, oses-tu bien te montrer à mes yeux
Après m'avoir ôté ce que j'aimois le mieux ?

Eclate, mon amour, tu n'as plus rien à craindre;
Mon père est satisfait, cesse de te contraindre;
Un même coup a mis ma gloire en sûreté,
Mon ame au désespoir, ma flamme en liberté.

D. SANCHE.

D'un esprit plus rassis...

CHIMÈNE.

Tu me parles encore,
Exécrable assassin d'un héros que j'adore?
Va, tu l'as pris en traître: un guerrier si vaillant
N'eût jamais succombé sous un tel assaillant.
N'espère rien de moi, tu ne m'as point servie;
En croyant me venger tu m'as ôté la vie.

D. SANCHE.

Etrange impression, qui, loin de m'écouter...

CHIMÈNE.

Veux-tu que de sa mort je t'écoute vanter?
Que j'entende à loisir avec quelle insolence
Tu peindras son malheur, mon crime et ta vaillance?

SCÈNE VII.

D. FERNAND, D. DIÈGUE, D. ARIAS, D. SANCHE, D. ALONSE, CHIMÈNE, ELVIRE.

CHIMÈNE.

Sire, il n'est plus besoin de vous dissimuler
Ce que tous mes efforts ne vous ont pu celer.
J'aimois, vous l'avez su; mais, pour venger mon père
J'ai bien voulu proscrire une tête si chère.
Votre majesté, sire, elle-même a pu voir
Comme j'ai fait céder mon amour au devoir.
Enfin Rodrigue est mort, et sa mort m'a changée

D'implacable ennemie en amante affligée :
J'ai dû cette vengeance à qui m'a mise au jour,
Et je dois maintenant ces pleurs à mon amour.
Don Sanche m'a perdue en prenant ma défense,
Et du bras qui me perd je suis la récompense !
Sire, si la pitié peut émouvoir un roi,
De grâce révoquez une si dure loi.
Pour prix d'une victoire où je perds ce que j'aime
Je lui laisse mon bien ; qu'il me laisse à moi-même ;
Qu'en un cloître sacré je pleure incessamment
Jusqu'au dernier soupir mon père et mon amant.

D. DIÈGUE.

Enfin elle aime, sire, et ne croit plus un crime
D'avouer par sa bouche un amour légitime.

D. FERNAND.

Chimène, sors d'erreur, ton amant n'est pas mort,
Et don Sanche vaincu t'a fait un faux rapport.

D. SANCHE.

Sire, un peu trop d'ardeur malgré moi l'a déçue ;
Je venois du combat lui raconter l'issue.
Ce généreux guerrier dont son cœur est charmé,
« Ne crains rien, m'a-t-il dit quand il m'a désarmé ;
Je laisserois plutôt la victoire incertaine
Que de répandre un sang hasardé pour Chimène :
Mais puisque mon devoir m'appelle auprès du roi,
Va de notre combat l'entretenir pour moi,
De la part du vainqueur lui porter ton épée. »
Sire, j'y suis venu : cet objet l'a trompée ;
Elle m'a crû vainqueur me voyant de retour,
Et soudain sa colère a trahi son amour
Avec tant de transport et tant d'impatience
Que je n'ai pu gagner un moment d'audience.
Pour moi, bien que vaincu, je me répute heureux ;
Et, malgré l'intérêt de mon cœur amoureux,

Perdant infiniment, j'aime encor ma défaite,
Qui fait le beau succés d'une amour si parfaite.

D. FERNAND.

Ma fille, il ne faut point rougir d'un si beau feu,
Ni chercher les moyens d'en faire un désaveu ;
Une louable honte en vain t'en sollicite ;
Ta gloire est dégagée, et ton devoir est quitte ;
Ton père est satisfait, et c'étoit le venger
Que mettre tant de fois ton Rodrigue en danger.
Tu vois comme le ciel autrement en dispose ;
Ayant tant fait pour lui, fais pour toi quelque chose,
Et ne sois point rebelle à mon commandement,
Qui te donne un époux aimé si chèrement.

SCÈNE VIII.

D. FERNAND, D. DIÉGUE, D. ARIAS, D. RO-
DRIGUE, D. ALONZE, D. SANCHE, L'IN-
FANTE, CHIMÈNE, LÉONOR, ELVIRE.

L'INFANTE.

Sèche tes pleurs, Chimène, et reçois sans tristesse
Ce généreux vainqueur des mains de ta princesse.

D. RODRIGUE.

Ne vous offensez point, sire, si devant vous
Un respect amoureux me jette à ses genoux.
Je ne viens point ici demander ma conquête ;
Je viens tout de nouveau vous apporter ma tête,
Madame ; mon amour n'emploiera point pour moi
Ni la loi du combat ni le vouloir du roi.
Si tout ce qui s'est fait est trop peu pour un père,
Dites par quels moyens il vous faut satisfaire.
Faut-il combattre encor mille et mille rivaux,
Aux deux bouts de la terre étendre mes travaux,

Forcer moi seul un camp, mettre en fuite une armée,
Des héros fabuleux passer la renommée?
Si mon crime par là se peut enfin laver,
J'ose tout entreprendre et puis tout achever.
Mais si ce fier honneur, toujours inexorable,
Ne se peut apaiser sans la mort du coupable,
N'armez plus contre moi le pouvoir des humains;
Ma tête est à vos pieds, vengez-vous par vos mains,
Vos mains seules ont droit de vaincre un invincible;
Prenez une vengeance à tout autre impossible.
Mais du moins que ma mort suffise à me punir.
Ne me bannissez point de votre souvenir;
Et, puisque mon trépas conserve votre gloire,
Pour vous en revancher conservez ma mémoire,
Et dites quelquefois en déplorant mon sort:
« S'il ne m'avoit aimée il ne seroit pas mort. »

CHIMÈNE.

Relève-toi, Rodrigue. Il faut l'avouer, sire,
Je vous en ai trop dit pour m'en pouvoir dédire;
Rodrigue a des vertus que je ne puis haïr;
Et quand un roi commande on lui doit obéir.
Mais, à quoi que déjà vous m'ayez condamnée,
Pourrez-vous à vos yeux souffrir cette hyménée?
Et quand de mon devoir vous voulez cet effort
Toute votre justice en est-elle d'accord?
Si Rodrigue à l'état devient si nécessaire,
De ce qu'il fait pour vous dois-je être le salaire,
Et me livrer moi-même au reproche éternel
D'avoir trempé mes mains dans le sang paternel?

D. FERNAND.

Le temps assez souvent a rendu légitime
Ce qui sembloit d'abord ne se pouvoir sans crime.
Rodrigue t'a gagnée, et tu dois être à lui;
Mais, quoique sa valeur t'ait conquise aujourd'hui,
Il faudroit que je fusse ennemi de ta gloire

Pour lui donner sitôt le prix de sa victoire.
Cet hymen différé ne rompt point une loi
Qui, sans marquer de temps, lui destine ta foi.
Prends un an, si tu veux, pour essuyer tes larmes.
Rodrigue, cependant il faut prendre les armes.
Après avoir vaincu les Maures sur nos bords,
Renversé leurs desseins, repoussé leurs efforts,
Va jusqu'en leur pays leur reporter la guerre,
Commander mon armée et ravager leur terre.
A ce seul nom de Cid ils trembleront d'effroi ;
Ils t'ont nommé seigneur et te voudront pour roi.
Mais, parmi tes hauts faits, sois-lui toujours fidèle ;
Reviens-en, s'il se peut, encor plus digne d'elle ;
Et par tes grands exploits fais-toi si bien priser
Qu'il lui soit glorieux alors de t'épouser.

D. RODRIGUE.

Pour posséder Chimène et pour votre service
Que peut-on m'ordonner que mon bras n'accomplisse ?
Quoiqu'absent de ses yeux il me faille endurer,
Sire, ce m'est trop d'heur de pouvoir espérer.

D. FERNAND.

Espère en ton courage, espère en ma promesse ;
Et, possédant déjà le cœur de ta maîtresse,
Pour vaincre un point d'honneur qui combat contre toi
Laisse faire le temps, ta vaillance et ton roi.

FIN DU CID.

HORACE,

TRAGÉDIE.

(1639.)

PERSONNAGES.

TULLE, roi de Rome:

LE VIEIL HORACE, chevalier romain.

HORACE, son fils.

CURIACE, gentilhomme d'Albe, amant de Camille.

VALÈRE, chevalier romain, amoureux de Camille.

SABINE, femme d'Horace et sœur de Curiace.

CAMILLE, amante de Curiace, et sœur d'Horace.

JULIE, dame romaine, confidente de Sabine et de
    Camille.

FLAVIAN, soldat de l'armée d'Albe.

PROCULE, soldat de l'armée de Rome.

*La scène est à Rome, dans une salle de la maison
d'Horace.*

HORACE.

ACTE PREMIER.

SCÈNE I.

SABINE, JULIE.

SABINE.

Approuvez ma foiblesse et souffrez ma douleur ;
Elle n'est que trop juste en un si grand malheur :
Si près de voir sur soi fondre de tels orages,
L'ébranlement sied bien aux plus fermes courages ;
Et l'esprit le plus mâle et le moins abattu
Ne sauroit sans désordre exercer sa vertu.
Quoique le mien s'étonne à ces rudes alarmes,
Le trouble de mon cœur ne peut rien sur mes larmes;
Et parmi les soupirs qu'il pousse vers les cieux
Ma constance du moins règne encor sur mes yeux.
Quand on arrête là les déplaisirs d'une ame,
Si l'on fait moins qu'un homme, on fait plus qu'une femme,
Commander à ses pleurs en cette extrémité
C'est montrer pour le sexe assez de fermeté.

JULIE.

C'en est peut-être assez pour une ame commune
Qui du moindre péril se fait une infortune ;
Mais de cette foiblesse un grand cœur est honteux ;
Il ose espérer tout dans un succès douteux.
Les deux camps sont rangés au pied de nos murailles;
Mais Rome ignore encor comme on perd des batailles.
Loin de trembler pour elle, il lui faut applaudir ;
Puisqu'elle va combattre, elle va s'agrandir.

Bannissez, bannissez une frayeur si vaine,
Et concevez des vœux dignes d'une Romaine.

SABINE.

Je suis Romaine, hélas! puisqu'Horace est Romain;
J'en ai reçu le titre en recevant sa main;
Mais ce nœud me tiendroit en esclave enchaînée
S'il m'empêchoit de voir en quel lieu je suis née.
Albe, où j'ai commencé de respirer le jour,
Albe, mon cher pays et mon premier amour,
Lorsqu'entre nous et toi je vois la guerre ouverte,
Je crains notre victoire autant que notre perte.
Rome, si tu te plains que c'est là te trahir,
Fais-toi des ennemis que je puisse haïr,
Quand je vois de tes murs leur armée et la nôtre,
Mes trois frères dans l'une et mon mari dans l'autre,
Puis-je former des vœux, et sans impiété
Importuner le ciel pour ta félicité?
Je sais que ton état, encore en sa naissance,
Ne sauroit sans la guerre affermir sa puissance;
Je sais qu'il doit s'accroître, et que tes grands destins
Ne le borneront pas chez les peuples latins;
Que les dieux t'ont promis l'empire de la terre,
Et que tu n'en peux voir l'effet que par la guerre.
Bien loin de m'opposer à cette noble ardeur,
Qui suit l'arrêt des dieux et court à ta grandeur,
Je voudrois déjà voir tes troupes couronnées
D'un pas victorieux franchir les Pyrénées.
Va jusqu'en l'Orient pousser tes bataillons,
Va sur les bords du Rhin planter tes pavillons;
Fais trembler sous tes pas les colonnes d'Hercule,
Mais respecte une ville à qui tu dois Romule:
Ingrate, souviens-toi que du sang de ses rois
Tu tiens ton nom, tes murs et tes premières lois.
Albe est ton origine; arrête, et considère
Que tu portes le fer dans le sein de ta mère.

Tourne ailleurs les efforts de tes bras triomphans;
Sa joie éclatera dans l'heur de ses enfans,
Et, se laissant ravir à l'amour maternelle,
Ses vœux seront pour toi si tu n'es plus contre elle.

JULIE.

Ce discours me surprend, vû que, depuis le temps
Qu'on a contre son peuple armé nos combattans,
Je vous ai vû pour elle autant d'indifférence
Que si d'un sang romain vous aviez pris naissance.
J'admirois la vertu qui réduisoit en vous
Vos plus chers intérêts à ceux de votre époux ;
Et je vous consolois au milieu de vos plaintes,
Comme si notre Rome eût fait toutes vos craintes.

SABINE.

Tant qu'on ne s'est choqué qu'en de légers combats,
Trop foibles pour jeter un des partis à bas,
Tant qu'un espoir de paix a pu flatter ma peine,
Oui, j'ai fait vanité d'être toute Romaine.
Si j'ai vu Rome heureuse avec quelque regret,
Soudain j'ai condamné ce mouvement secret;
Et si j'ai ressenti, dans ses destins contraires,
Quelque maligne joie en faveur de mes frères,
Soudain pour l'étouffer rappelant ma raison,
J'ai pleuré quand la gloire entroit dans leur maison.
Mais aujourd'hui qu'il faut que l'une ou l'autre tombe,
Qu'Albe devienne esclave, ou que Rome succombe,
Et qu'après la bataille il ne demeure plus
Ni d'obstacle aux vainqueurs ni d'espoir aux vaincus,
J'aurois pour mon pays une cruelle haine
Si je pouvois encore être toute Romaine,
Et si je demandois votre triomphe aux dieux
Au prix de tant de sang qui m'est si précieux.
Je m'attache un peu moins aux intérêts d'un homme ;
Je ne suis point pour Albe et ne suis plus pour Rome;
Je crains pour l'une et l'autre en ce dernier effort,

Et serai du parti qu'affligera le sort.
Egale à tous les deux jusques à la victoire,
Je prendrai part aux maux sans en prendre à la gloire;
Et je garde, au milieu de tant d'âpres rigueurs,
Mes larmes aux vaincus et ma haine aux vainqueurs.

JULIE.

Qu'on voit naître souvent de pareilles traverses
En des esprits divers des passions diverses!
Et qu'à nos yeux Camille agit bien autrement!
Son frère est votre époux, le vôtre est son amant;
Mais elle voit d'un œil bien différent du vôtre
Son sang dans une armée, et son amour dans l'autre.
Lorsque vous conserviez un esprit tout romain,
Le sien irrésolu, le sien tout incertain
De la moindre mêlée appréhendoit l'orage,
De tous les deux partis détestoit l'avantage,
Au malheur des vaincus donnoit toujours ses pleurs,
Et nourrissoit ainsi d'éternelles douleurs.
Mais hier quand elle sut qu'on avoit pris journée,
Et qu'enfin la bataille alloit être donnée,
Une soudaine joie éclatant sur son front...

SABINE.

Ah! que je crains, Julie, un changement si prompt!
Hier dans sa belle humeur elle entretint Valère:
Pour ce rival sans doute elle quitte mon frère;
Son esprit, ébranlé par les objets présens,
Ne trouve point d'absent aimable après deux ans.
Mais excusez l'ardeur d'une amour fraternelle,
Le soin que j'ai de lui me fait craindre tout d'elle:
Je forme des soupçons d'un trop léger sujet;
Près d'un jour si funeste on change peu d'objet;
Les ames rarement sont de nouveau blessées;
Et dans un si grand trouble on a d'autres pensées:
Mais on n'a pas aussi de si doux entretiens

Ni de contentemens qui soient pareils aux siens.

JULIE.

Les causes, comme à vous, m'en semblent fort obscures,
Je ne me satisfais d'aucunes conjectures.
C'est assez de constance, en un si grand danger,
Que de le voir, l'attendre, et ne point s'affliger ;
Mais certes c'en est trop d'aller jusqu'à la joie.

SABINE.

Voyez qu'un bon génie à propos nous l'envoie.
Essayez sur ce point à la faire parler ;
Elle vous aime assez pour ne vous rien celer :
Je vous laisse.

SCÈNE II.

CAMILLE, SABINE, JULIE.

SABINE.

Ma sœur, entretenez Julie ;
J'ai honte de montrer tant de mélancolie ;
Et mon cœur accablé de mille déplaisirs
Cherche la solitude à cacher ses soupirs.

SCÈNE III.

CAMILLE, JULIE.

CAMILLE.

Qu'elle a tort de vouloir que je vous entretienne !
Croit-elle ma douleur moins vive que la sienne ;
Et que, plus insensible à de si grands malheurs,
A mes tristes discours je mêle moins de pleurs ?
De pareilles frayeurs mon ame est alarmée ;
Comme elle je perdrai dans l'une et l'autre armée ;
Je verrai mon amant, mon plus unique bien,
Mourir pour son pays, ou détruire le mien ;

Et cet objet d'amour devenir, pour ma peine,
Digne de mes soupirs ou digne de ma haine.
Hélas!

JULIE.

Elle est pourtant plus à plaindre que vous :
On peut changer d'amant, mais non changer d'époux.
Oubliez Curiace, et recevez Valére;
Vous ne tremblerez plus pour le parti contraire,
Vous serez toute nôtre ; et votre esprit remis
N'aura plus rien à craindre au camp des ennemis.

CAMILLE.

Donnez-moi des conseils qui soient plus légitimes,
Et plaignez mes malheurs sans m'ordonner des crimes.
Quoiqu'à peine à mes maux je puisse résister,
J'aime mieux les souffrir que de les mériter.

JULIE.

Quoi ! vous appelez crime un change raisonnable ?

CAMILLE.

Quoi! le manque de foi vous semble pardonnable ?

JULIE.

Envers un ennemi qui peut nous obliger ?

CAMILLE.

D'un serment solennel qui peut nous dégager ?

JULIE.

Vous déguisez en vain une chose trop claire ;
Je vous vis encore hier entretenir Valére ;
Et l'accueil gracieux qu'il recevoit de vous
Lui permet de nourrir un espoir assez doux.

CAMILLE.

Si je l'entretins hier et lui fis bon visage,
N'en imaginez rien qu'à son désavantage ;
De mon contentement un autre étoit l'objet :
Mais, pour sortir d'erreur, sachez-en le sujet.
Je garde à Curiace une amitié trop pure

Pour souffrir plus long-temps qu'on m'estime parjure.
Il vous souvient qu'à peine on voyoit de sa sœur
Par un heureux hymen mon frère possesseur,
Quand, pour comble de joie, il obtint de mon père
Que de ses chastes feux je serois le salaire.
Ce jour nous fut propice et funeste à la fois;
Unissant nos maisons, il désunit nos rois;
Un même instant conclut notre hymen et la guerre,
Fit naître notre espoir, et le jeta par terre,
Nous ôta tout sitôt qu'il nous eut tout promis,
Et nous faisant amans il nous fit ennemis.
Combien nos déplaisirs parurent lors extrêmes!
Combien contre le ciel il vomit de blasphèmes!
Et combien de ruisseaux coulèrent de mes yeux!
Je ne vous le dis point; vous vîtes nos adieux.
Vous avez vu depuis les troubles de mon ame;
Vous savez pour la paix quels vœux a faits ma flamme,
Et quels pleurs j'ai versés à chaque événement,
Tantôt pour mon pays, tantôt pour mon amant.
Enfin mon désespoir, parmi ces longs obstacles,
M'a fait avoir recours à la voix des oracles;
Ecoutez si celui qui me fut hier rendu
Eut droit de rassurer mon esprit éperdu.
Ce Grec si renommé, qui depuis tant d'années
Au pied de l'Aventin prédit nos destinées,
Lui qu'Apollon jamais n'a fait parler à faux,
Me promit par ces vers la fin de mes travaux :
« Albe et Rome demain prendront une autre face;
Tes vœux sont exaucés ; elles auront la paix ;
Et tu seras unie avec ton Curiace,
Sans qu'aucun mauvais sort t'en sépare jamais. »
Je pris sur cet oracle une entière assurance;
Et, comme le succès passoit mon espérance,
J'abandonnai mon ame à des ravissemens
Qui passoient les transports des plus heureux amans.

Jugez de leur excès : je rencontrai Valère,
Et, contre sa coutume, il ne put me déplaire.
Il me parla d'amour sans me donner d'ennui :
Je ne m'aperçus pas que je parlois à lui ;
Je ne lui pus montrer de mépris ni de glace ;
Tout ce que je voyois me sembloit Curiace,
Tout ce qu'on me disoit me parloit de ses feux,
Tout ce que je disois l'assuroit de mes vœux.
Le combat général aujourd'hui se hasarde ;
J'en sus hier la nouvelle, et je n'y pris pas garde ;
Mon esprit rejetoit ces funestes objets,
Charmé des doux pensers d'hymen et de la paix.
La nuit a dissipé des erreurs si charmantes ;
Mille songes affreux, mille images sanglantes,
Ou plutôt mille amas de carnage et d'horreur
M'ont arraché ma joie et rendu ma terreur :
J'ai vu du sang, des morts, et n'ai rien vu de suite :
Un spectre en paroissant prenoit soudain la fuite ;
Ils s'effaçoient l'un l'autre, et chaque illusion
Redoubloit mon effroi par sa confusion.

JULIE.

C'est en contraire sens qu'un songe s'interprète.

CAMILLE.

Je le dois croire ainsi, puisque je le souhaite :
Mais je me trouve enfin, malgré tous mes souhaits,
Au jour d'une bataille et non pas d'une paix.

JULIE.

Par là finit la guerre, et la paix lui succède.

CAMILLE.

Dure à jamais le mal s'il y faut ce remède !
Soit que Rome y succombe, ou qu'Albe aille dessous,
Cher amant, n'attends plus d'être un jour mon époux ;
Jamais, jamais ce nom ne sera pour un homme
Qui soit ou le vainqueur ou l'esclave de Rome.

Mais quel objet nouveau se présente en ces lieux?
Est-ce toi, Curiace? en croirai-je mes yeux?

SCÈNE IV.

CURIACE, CAMILLE, JULIE.

CURIACE.

N'en doutez point, Camille; et revoyez un homme
Qui n'est ni le vainqueur ni l'esclave de Rome.
Cessez d'appréhender de voir rougir mes mains
Du poids honteux des fers ou du sang des Romains.
J'ai cru que vous aimiez assez Rome et la gloire
Pour mépriser ma chaîne et haïr ma victoire;
Et comme également, en cette extrémité,
Je craignois la victoire et la captivité...

CAMILLE.

Curiace, il suffit; je devine le reste:
Tu fuis une bataille à tes vœux si funeste,
Et ton cœur tout à moi, pour ne me perdre pas,
Dérobe à ton pays le secours de ton bras.
Qu'un autre considère ici la renommée,
Et te blâme s'il veut de m'avoir trop aimée,
Ce n'est point à Camille à t'en mésestimer;
Plus ton amour paroît, plus elle doit t'aimer;
Et si tu dois beaucoup aux lieux qui t'ont vu naître,
Plus tu quittes pour moi, plus tu le fais paroître.
Mais as-tu vu mon père, et peut-il endurer
Qu'ainsi dans sa maison tu t'oses retirer?
Ne préfère-t-il point l'état à sa famille?
Ne regarde-t-il point Rome plus que sa fille?
Enfin notre bonheur est-il bien affermi?
T'a-t-il vu comme gendre ou bien comme ennemi?

CURIACE.

Il m'a vu comme gendre, avec une tendresse

Qui témoignoit assez une entière allégresse;
Mais il ne m'a point vu, par une trahison,
Indigne de l'honneur d'entrer dans sa maison.
Je n'abandonne point l'intérêt de ma ville,
J'aime encor mon honneur en adorant Camille:
Tant qu'a duré la guerre on m'a vu constamment
Aussi bon citoyen que véritable amant;
D'Albe avec mon amour j'accordois la querelle,
Je soupirois pour vous en combattant pour elle,
Et, s'il falloit encor que l'on en vînt aux coups,
Je combattrois pour elle en soupirant pour vous:
Oui, malgré les désirs de mon ame charmée,
Si la guerre duroit je serois dans l'armée.
C'est la paix qui chez vous me donne un libre accès,
La paix à qui nos feux doivent ce beau succès.

CAMILLE.

La paix! et le moyen de croire un tel miracle!

JULIE.

Camille, pour le moins croyez-en votre oracle,
Et sachons pleinement par quels heureux effets
L'heure d'une bataille a produit cette paix.

CURIACE.

L'auroit-on jamais cru? déjà les deux armées,
D'une égale chaleur au combat animées,
Se menaçoient des yeux, et marchant fièrement
N'attendoient pour donner que le commandement,
Quand notre dictateur devant les rangs s'avance,
Demande à votre prince un moment de silence;
Et l'ayant obtenu, « Que faisons-nous, Romains?
Dit-il, et quel démon nous fait venir aux mains?
Souffrons que la raison éclaire enfin nos ames.
Nous sommes vos voisins, nos filles sont vos femmes,
Et l'hymen nous a joints par tant et tant de nœuds
Qu'il est peu de nos fils qui ne soient vos neveux,

Nous ne sommes qu'un sang et qu'un peuple en deux ville:
Pourquoi nous déchirer par des guerres civiles,
Où la mort des vaincus affoiblit les vainqueurs,
Et le plus beau triomphe est arrosé de pleurs?
Nos ennemis communs attendent avec joie
Qu'un des partis défait leur donne l'autre en proie,
Lassé, demi-rompu, vainqueur, mais pour tout fruit
Dénué d'un secours par lui-même détruit.
Ils ont assez long-temps joui de nos divorces.
Contre eux dorénavant joignons toutes nos forces,
Et noyons dans l'oubli ces petits différens
Qui de si bons guerriers font de mauvais parens.
Que si l'ambition de commander aux autres
Fait marcher aujourd'hui vos troupes et les nôtres,
Pourvu qu'à moins de sang nous voulions l'apaiser,
Elle nous unira loin de nous diviser.
Nommons des combattans pour la cause commune,
Que chaque peuple aux siens attache sa fortune;
Et suivant ce que d'eux ordonnera le sort,
Que le parti du foible obéisse au plus fort;
Mais sans indignité pour des guerriers si braves,
Qu'ils deviennent sujets sans devenir esclaves,
Sans honte, sans tribut et sans autre rigueur
Que de suivre en tous lieux les drapeaux du vainqueur.
Ainsi nos deux états ne feront qu'un empire. »
Il semble qu'à ces mots notre douleur expire :
Chacun, jetant les yeux dans un rang ennemi,
Reconnoît un beau-frère, un cousin, un ami.
Ils s'étonnent comment leurs mains de sang avides
Voloient sans y penser à tant de parricides,
Et font paroître un front couvert tout à la fois
D'horreur pour la bataille et d'ardeur pour ce choix.
Enfin l'offre s'accepte, et la paix désirée
Sous ces conditions est aussitôt jurée:
Trois combattront pour tous : mais pour les mieux choisir

Nos chefs ont voulu prendre un peu plus de loisir :
Le vôtre est au sénat, le nôtre dans sa tente.

CAMILLE.

O dieux! que ce discours rend mon ame contente!

CURIACE.

Dans deux heures au plus. par un commun accord,
Le sort de nos guerriers réglera notre sort.
Cependant tout est libre attendant qu'on les nomme,
Rome est dans notre camp, et notre camp dans Rome.
D'un et d'autre côté l'accès étant permis,
Chacun va renouer avec ses vieux amis.
Pour moi, ma passion m'a fait suivre vos frères:
Et mes désirs ont eu des succès si prospéres
Que l'auteur de vos jours m'a promis à demain
Le bonheur sans pareil de vous donner la main.
Vous ne deviendrez pas rebelle à sa puissance?

CAMILLE.

Le devoir d'une fille est dans l'obéissance.

CURIACE.

Venez donc recevoir ce doux commandement
Qui doit mettre le comble à mon contentement.

CAMILLE.

Je vais suivre vos pas, mais pour revoir mes frères,
Et savoir d'eux encor la fin de nos misères.

JULIE.

Allez, et cependant au pied de nos autels
J'irai rendre pour vous grâces aux immortels.

ACTE SECOND.

SCÈNE I.

HORACE, CURIACE.

CURIACE.

Ainsi Rome n'a point séparé son estime ;
Elle eût cru faire ailleurs un choix illégitime.
Cette superbe ville en vos frères et vous
Trouve les trois guerriers qu'elle préfère à tous,
Et ne nous opposant d'autres bras que les vôtres
D'une seule maison brave toutes les nôtres.
Nous croirons, à la voir tout entière en vos mains,
Que hors les fils d'Horace il n'est point de Romains.
Ce choix pouvoit combler trois familles de gloire,
Consacrer hautement leurs noms à la mémoire :
Oui, l'honneur que reçoit la vôtre par ce choix
En pouvoit à bon titre immortaliser trois ;
Et, puisque c'est chez vous que mon heur et ma flamme
M'ont fait placer ma sœur et choisir une femme,
Ce que je vais vous être et ce que je vous suis
Me font y prendre part autant que je le puis.
Mais un autre intérêt tient ma joie en contrainte,
Et parmi ses douceurs mêle beaucoup de crainte :
La guerre en tel éclat a mis votre valeur
Que je tremble pour Albe, et prévois son malheur.
Puisque vous combattez sa perte est assurée ;
En vous faisant nommer le destin l'a jurée :
Je vois trop dans ce choix ses funestes projets,
Et me compte déjà pour un de vos sujets

HORACE.

Loin de trembler pour Albe, il vous faut plaindre Rome,
Voyant ceux qu'elle oublie et les trois qu'elle nomme.
C'est un aveuglement pour elle bien fatal
D'avoir tant à choisir, et de choisir si mal.
Mille de ses enfans, beaucoup plus dignes d'elle,
Pouvoient bien mieux que nous soutenir sa querelle.
Mais quoique ce combat me promette un cercueil,
La gloire de ce choix m'enfle d'un juste orgueil ;
Mon esprit en conçoit une mâle assurance :
J'ose espérer beaucoup de mon peu de vaillance ;
Et du sort envieux quels que soient les projets,
Je ne me compte point pour un de vos sujets.
Rome a trop cru de moi ; mais mon ame ravie
Remplira son attente, ou quittera la vie.
Qui veut mourir ou vaincre est vaincu rarement :
Ce noble désespoir périt malaisément.
Rome, quoi qu'il en soit, ne sera point sujette,
Que mes derniers soupirs n'assurent ma défaite.

CURIACE.

Hélas ! c'est bien ici que je dois être plaint ;
Ce que veut mon pays, mon amitié le craint.
Dures extrémités, de voir Albe asservie,
Ou sa victoire au prix d'une si chère vie ;
Et que l'unique bien où tendent ses désirs
S'achète seulement par vos derniers soupirs !
Quels vœux puis-je former, et quel bonheur attendre ?
De tous les deux côtés j'ai des pleurs à répandre ;
De tous les deux côtés mes désirs sont trahis.

HORACE.

Quoi ! vous me pleureriez mourant pour mon pays !
Pour un cœur généreux ce trépas a des charmes ;
La gloire qui le suit ne souffre point de larmes ;
Et je le recevrois en bénissant mon sort
Si Rome et tout l'état perdoient moins à ma mort.

CURIACE.

A vos amis pourtant permettez de le craindre ;
Dans un si beau trépas ils sont les seuls à plaindre :
La gloire en est pour vous, et la perte pour eux ;
Il vous fait immortel, et les rend malheureux :
On perd tout quand on perd un ami si fidèle.
Mais Flavian m'apporte ici quelque nouvelle.

SCÈNE II.

HORACE, CURIACE, FLAVIAN.

CURIACE.

Albe de trois guerriers a-t-elle fait le choix ?

FLAVIAN.

Je viens pour vous l'apprendre.

CURIACE.

			Eh bien, qui sont les trois ?

FLAVIAN.

Vos deux frères et vous.

CURIACE.

			Qui ?

FLAVIAN.

				Vous et vos deux frères.
Mais pourquoi ce front triste et ces regards sévères ?
Ce choix vous déplaît-il ?

CURIACE.

			Non ; mais il me surprend ;
Je m'estimois trop peu pour un honneur si grand.

FLAVIAN.

Dirai-je au dictateur, dont l'ordre ici m'envoie,
Que vous le recevez avec si peu de joie ?
Ce morne et froid accueil me surprend à mon tour.

CURIACE.

Dis-lui que l'amitié, l'alliance et l'amour

Ne pourront empêcher que les trois Curiaces
Ne servent leur pays contre les trois Horaces.

FLAVIAN.

Contre eux ! Ah ! c'est beaucoup me dire en peu de mots.

CURIACE.

Porte-lui ma réponse, et nous laisse en repos.

SCÈNE III.

HORACE, CURIACE.

CURIACE.

Que désormais le ciel, les enfers et la terre
Unissent leurs fureurs à nous faire la guerre ;
Que les hommes, les dieux, les démons et le sort
Préparent contre nous un général effort ;
Je mets à faire pis, en l'état où nous sommes,
Le sort et les démons, et les dieux et les hommes :
Ce qu'ils ont de cruel, et d'horrible, et d'affreux,
L'est bien moins que l'honneur qu'on nous fait à tous deux.

HORACE.

Le sort, qui de l'honneur nous ouvre la barrière,
Offre à notre constance une illustre matière :
Il épuise sa force à former un malheur,
Pour mieux se mesurer avec notre valeur ;
Et comme il voit en nous des ames peu communes,
Hors de l'ordre commun il nous fait des fortunes.
Combattre un ennemi pour le salut de tous,
Et contre un inconnu s'exposer seul aux coups,
D'une simple vertu c'est l'effet ordinaire :
Mille déjà l'ont fait, mille pourroient le faire :
Mourir pour le pays est un si digne sort
Qu'on brigueroit en foule une si belle mort.
Mais vouloir au public immoler ce qu'on aime,
S'attacher au combat contre un autre soi-même,

Attaquer un parti qui prend pour défenseur
Le frère d'une femme et l'amant d'une sœur ;
Et, rompant tous ces nœuds, s'armer pour la patrie
Contre un sang qu'on voudroit racheter de sa vie ;
Une telle vertu n'appartenoit qu'à nous.
L'éclat de son grand nom lui fait peu de jaloux,
Et peu d'hommes au cœur l'ont assez imprimée
Pour oser aspirer à tant de renommée.

CURIACE.

Il est vrai que nos noms ne sauroient plus périr ;
L'occasion est belle, il nous la faut chérir :
Nous serons les miroirs d'une vertu bien rare.
Mais votre fermeté tient un peu du barbare ;
Peu, même des grands cœurs, tireroient vanité
D'aller par ce chemin à l'immortalité.
A quelque prix qu'on mette une telle fumée,
L'obscurité vaux mieux que tant de renommée.
Pour moi, je l'ose dire, et vous l'avez pu voir,
Je n'ai point consulté pour suivre mon devoir ;
Notre longue amitié, l'amour ni l'alliance
N'ont pu mettre un moment mon esprit en balance ;
Et puisque par ce choix Albe montre en effet
Qu'elle m'estime autant que Rome vous a fait,
Je crois faire pour elle autant que vous pour Rome ;
J'ai le cœur aussi bon ; mais enfin je suis homme.
Je vois que votre honneur demande tout mon sang,
Que tout le mien consiste à vous percer le flanc ;
Près d'épouser la sœur qu'il faut tuer le frère,
Et que pour mon pays j'ai le sort si contraire.
Encor qu'à mon devoir je coure sans terreur,
Mon cœur s'en effarouche, et j'en frémis d'horreur ;
J'ai pitié de moi-même, et jette un œil d'envie
Sur ceux dont notre guerre a consumé la vie,
Sans souhait toutefois de pouvoir reculer.

Ce triste et fier honneur m'émeut sans m'ébranler :
J'aime ce qu'il me donne, et je plains ce qu'il m'ôte ;
Et si Rome demande une vertu plus haute,
Je rends grâces aux dieux de n'être pas Romain,
Pour conserver encor quelque chose d'humain.

HORACE.

Si vous n'êtes Romain, soyez digne de l'être ;
Et si vous m'égalez faites-le mieux paroître.
La solide vertu dont je fais vanité
N'admet point de foiblesse avec sa fermeté,
Et c'est mal de l'honneur entrer dans la carrière
Que dès le premier pas regarder en arrière.
Notre malheur est grand, il est au plus haut point :
Je l'envisage entier, mais je n'en frémis point.
Contre qui que ce soit que mon pays m'emploie,
J'accepte aveuglément cette gloire avec joie :
Celle de recevoir de tels commandemens
Doit étouffer en nous tous autres sentimens.
Qui près de le servir considère autre chose
A faire ce qu'il doit lâchement se dispose ;
Ce droit saint et sacré rompt tout autre lien.
Rome a choisi mon bras, je n'examine rien.
Avec une allégresse aussi pleine et sincère
Que j'épousai la sœur je combattrai le frère ;
Et, pour trancher enfin ces discours superflus,
Albe vous a nommé, je ne vous connois plus.

CURIACE.

Je vous connois encore, et c'est ce qui me tue ;
Mais cette âpre vertu ne m'étoit pas connue ;
Comme notre malheur elle est au plus haut point :
Souffrez que je l'admire et ne l'imite point.

HORACE.

Non, non, n'embrassez pas de vertu par contrainte ;
Et, puisque vous trouvez plus de charme à la plainte,

En toute liberté goûtez un bien si doux ;
Voici venir ma sœur pour se plaindre avec vous :
Je vais revoir la vôtre, et résoudre son ame
A se bien souvenir qu'elle est toujours ma femme,
A vous aimer encor si je meurs par vos mains,
Et prendre en son malheur des sentimens romains.

SCÈNE IV.

HORACE, CURIACE, CAMILLE.

HORACE.

Avez-vous su l'état qu'on fait de Curiace,
Ma sœur?

CAMILLE.

Hélas ! mon sort a bien changé de face.

HORACE.

Armez-vous de constance, et montrez-vous ma sœur ;
Et, si par mon trépas il retourne vainqueur,
Ne le recevez point en meurtrier d'un frère,
Mais en homme d'honneur qui fait ce qu'il doit faire,
Qui sert bien son pays, et sait montrer à tous
Par sa haute vertu qu'il est digne de vous.
Comme si je vivois, achevez l'hyménée.
Mais si ce fer aussi tranche sa destinée,
Faites à ma victoire un pareil traitement ;
Ne me reprochez point la mort de votre amant.
Vos larmes vont couler, et votre cœur se presse ;
Consumez avec lui toute cette foiblesse ;
Querellez ciel et terre, et maudissez le sort ;
Mais après le combat ne pensez plus au mort.

(A Curiace.)

Je ne vous laisserai qu'un moment avec elle ;
Puis nous irons ensemble où l'honneur nous appelle.

SCÈNE V.

CURIACE, CAMILLE.

CAMILLE.

Iras-tu, Curiace? et ce funeste honneur
Te plaît-il aux dépens de tout notre bonheur?

CURIACE.

Hélas! je vois trop bien qu'il faut, quoi que je fasse,
Mourir ou de douleur ou de la main d'Horace.
Je vais comme au supplice à cet illustre emploi;
Je maudis mille fois l'état qu'on fait de moi,
Je hais cette valeur qui fait qu'Albe m'estime:
Ma flamme au désespoir passe jusques au crime,
Elle se prend au ciel, et l'ose quereller;
Je vous plains, je me plains: mais il y faut aller.

CAMILLE.

Non, je te connois mieux; tu veux que je te prie,
Et qu'ainsi mon pouvoir t'excuse à ta patrie.
Tu n'es que trop fameux par tes autres exploits;
Albe a reçu par eux tout ce que tu lui dois.
Autre n'a mieux que toi soutenu cette guerre,
Autre de plus de morts n'a couvert notre terre;
Ton nom ne peut plus croître, il ne lui manque rien;
Souffre qu'un autre ici puisse ennoblir le sien.

CURIACE.

Que je souffre à mes yeux qu'on ceigne une autre tête
Des lauriers immortels que la gloire m'apprête;
Ou que tout mon pays reproche à ma vertu
Qu'il auroit triomphé si j'avois combattu,
Et que sous mon amour ma valeur endormie
Couronne tant d'exploits d'une telle infamie!
Non, Albe, après l'honneur que j'ai reçu de toi
Tu ne succomberas ni vaincras que par moi:

Tu m'as commis ton sort, je t'en rendrai bon compte;
Je vivrai sans reproche, ou périrai sans honte.

CAMILLE.

Quoi! tu ne veux pas voir qu'ainsi tu me trahis!

CURIACE.

Avant que d'être à vous je suis à mon pays.

CAMILLE.

Mais te priver pour lui toi-même d'un beau-frère,
Ta sœur de son mari!

CURIACE.

　　　　　　Telle est notre misère.
Le choix d'Albe et de Rome ôte toute douceur
Aux noms jadis si doux de beau-frère et de sœur.

CAMILLE.

Tu pourras donc, cruel, me présenter sa tête,
Et demander ma main pour prix de ta conquête!

CURIACE.

Il n'y faut plus penser : en l'état où je suis
Vous aimer sans espoir c'est tout ce que je puis.
Vous en pleurez, Camille!

CAMILLE.

　　　　　　Il faut bien que je pleure,
Mon insensible amant ordonne que je meure;
Et quand l'hymen pour nous allume son flambeau
Il l'éteint de sa main pour m'ouvrir le tombeau.
Ce cœur impitoyable à ma perte s'obstine,
Et dit qu'il m'aime encore alors qu'il m'assassine.

CURIACE.

Que les pleurs d'une amante ont de puissans discours!
Et qu'un bel œil est fort avec un tel secours!
Que mon cœur s'attendrit à cette triste vue!
Ma constance contre elle à regret s'évertue.
N'attaquez plus ma gloire avec tant de douleurs,
Et laissez-moi sauver ma vertu de vos pleurs;

Je sens qu'elle chancelle et défend mal la place.
Plus je suis votre amant, moins je suis Curiace.
Foible d'avoir déjà combattu l'amitié,
Vaincroit-elle à la fois l'amour et la pitié?
Allez, ne m'aimez plus, ne versez plus de larmes
Ou j'oppose l'offense à de si fortes armes;
Je me défendrai mieux contre votre courroux,
Et pour le mériter je n'ai plus d'yeux pour vous.
Vengez-vous d'un ingrat, punissez un volage.
Vous ne vous montrez point sensible à cet outrage!
Je n'ai plus d'yeux pour vous, vous en avez pour moi!
En faut-il plus encor? je renonce à ma foi.
Rigoureuse vertu dont je suis la victime,
Ne peux-tu résister sans le secours d'un crime?

CAMILLE.

Ne fais point d'autre crime, et j'atteste les dieux
Qu'au lieu de t'en haïr je t'en aimerai mieux:
Oui, je te chérirai tout ingrat et perfide,
Et cesse d'aspirer au nom de fratricide.
Pourquoi suis-je Romaine? ou que n'es-tu Romain?
Je te préparerois des lauriers de ma main,
Je t'encouragerois au lieu de te distraire,
Et je te traiterois comme j'ai fait mon frère.
Hélas! j'étois aveugle en mes vœux aujourd'hui;
J'en ai fait contre toi quand j'en ai fait pour lui.
Il revient; quel malheur si l'amour de sa femme
Ne peut non plus sur lui que le mien sur ton âme!

SCÈNE VI.

HORACE, CURIACE, SABINE, CAMILLE.

CURIACE.

Dieux! Sabine le suit! Pour ébranler mon cœur
Est-ce peu de Camille? y joignez-vous ma sœur?

Et, laissant à ses pleurs vaincre ce grand courage,
L'amenez-vous ici chercher même avantage?

SABINE.

Non, non, mon frère, non : je ne viens en ce lieu
Que pour vous embrasser et pour vous dire adieu.
Votre sang est trop bon, n'en craignez rien de lâche,
Rien dont la fermeté de ces grands cœurs se lâche.
Si ce malheur illustre ébranloit l'un de vous,
Je le désavouerois pour frère ou pour époux.
Pourrai-je toutefois vous faire une prière
Digne d'un tel époux, et digne d'un tel frère?
Je veux d'un coup si noble ôter l'impiété,
A l'honneur qui l'attend rendre sa pureté,
La mettre en son éclat sans mélange de crimes,
Enfin je vous veux faire ennemis légitimes.
Du saint nœud qui vous joint je suis le seul lien :
Quand je ne serai plus vous ne vous serez rien.
Brisez votre alliance, et rompez-en la chaîne;
Et puisque votre honneur veut des effets de haine,
Achetez par ma mort le droit de vous haïr.
Albe le veut et Rome; il faut leur obéir :
Qu'un de vous deux me tue et que l'autre me venge;
Alors votre combat n'aura plus rien d'étrange,
Et du moins l'un des deux sera juste agresseur,
Ou pour venger sa femme, ou pour venger sa sœur.
Mais quoi! vous souilleriez une gloire si belle
Si vous vous animiez par quelque autre querelle :
Le zèle du pays vous défend de tels soins,
Vous feriez peu pour lui si vous vous étiez moins;
Il lui faut, et sans haine, immoler un beau-frère.
Ne différez donc plus ce que vous devez faire;
Commencez par sa sœur à répandre son sang,
Commencez par sa femme à lui percer le flanc,
Commencez par Sabine à faire de vos vies

Un digne sacrifice à vos chères patries :
Vous êtes ennemis en ce combat fameux,
Vous d'Albe, vous de Rome, et moi de toutes deux.
Quoi ! me réservez-vous à voir une victoire
Où, pour haut appareil d'une pompeuse gloire,
Je verrai les lauriers d'un frère ou d'un mari
Fumer encor d'un sang que j'aurai tant chéri ?
Pourrai-je entre vous deux régler alors mon ame ?
Satisfaire aux devoirs et de sœur et de femme,
Embrasser le vainqueur en pleurant le vaincu ?
Non, non, avant ce coup Sabine aura vécu ;
Ma mort le préviendra, de qui que je l'obtienne ;
Le refus de vos mains y condamne la mienne.
Sus donc, qui vous retient ? Allez, cœurs inhumains,
J'aurai trop de moyens pour y forcer vos mains ;
Vous ne les aurez point au combat occupées
Que ce corps au milieu n'arrête vos épées ;
Et malgré vos refus il faudra que leurs coups
Se fassent jour ici pour aller jusqu'à vous.

HORACE.

O ma femme !

CURIACE.

O ma sœur !

CAMILLE.

Courage ! ils s'amollissent.

SABINE.

Vous poussez des soupirs, vos visages pâlissent !
Quelle peur vous saisit ? sont-ce là ces grands cœurs,
Ces héros qu'Albe et Rome ont pris pour défenseurs ?

HORACE.

Que t'ai-je fait, Sabine ? et quelle est mon offense
Qui t'oblige à chercher une telle vengeance ?
Que t'a fait mon honneur ? et par quel droit viens-tu
Avec toute ta force attaquer ma vertu ?

Du moins contente-toi de l'avoir étonnée,
Et me laisse achever cette grande journée.
Tu me viens de réduire en un étrange point ;
Aime assez ton mari pour n'en triompher point :
Va-t'en, et ne rends plus la victoire douteuse ;
Là dispute déjà m'en est assez honteuse :
Souffre qu'avec honneur je termine mes jours.

SABINE.

Va, cesse de me craindre, on vient à ton secours.

SCÈNE VII.

LE VIEIL HORACE, HORACE, CURIACE, SABINE, CAMILLE.

LE VIEIL HORACE.

Qu'est ceci, mes enfans ? écoutez-vous vos flammes ?
Et perdez-vous encor le temps avec des femmes ?
Prêts à verser du sang, regardez-vous des pleurs ?
Fuyez, et laissez-les déplorer leurs malheurs.
Leurs plaintes ont pour vous trop d'art et de tendresse ;
Elles vous feroient part enfin de leur foiblesse,
Et ce n'est qu'en fuyant qu'on pare de tels coups.

SABINE.

N'appréhendez rien d'eux, ils sont dignes de vous :
Malgré tous nos efforts vous en devez attendre
Ce que vous souhaitez et d'un fils et d'un gendre ;
Et si notre foiblesse avoit pu les changer
Nous vous laissons ici pour les encourager.
Allons, ma sœur, allons, ne perdons plus de larmes ;
Contre tant de vertus ce sont de foibles armes,
Ce n'est qu'au désespoir qu'il nous faut recourir.
Tigres, allez combattre ; et nous, allons mourir.

SCÈNE VIII.

LE VIEIL HORACE, HORACE, CURIACE.

HORACE.

Mon père, retenez des femmes qui s'emportent,
Et de grâce empêchez surtout qu'elles ne sortent;
Leur amour importun viendroit avec éclat
Par des cris et des pleurs troubler notre combat;
Et ce qu'elles nous sont feroit qu'avec justice
On nous imputeroit ce mauvais artifice.
L'honneur d'un si beau choix seroit trop acheté
Si l'on nous soupçonnoit de quelque lâcheté.

LE VIEIL HORACE.

J'en aurai soin. Allez, vos frères vous attendent;
Ne pensez qu'aux devoirs que vos pays demandent.

CURIACE.

Quel adieu vous dirai-je? et par quels complimens...

LE VIEIL HORACE.

Ah! n'attendrissez point ici mes sentimens.
Pour vous encourager ma voix manque de termes,
Mon cœur ne forme point de pensers assez fermes;
Moi-même en cet adieu j'ai les larmes aux yeux.
Faites votre devoir, et laissez faire aux dieux.

ACTE TROISIÈME.

SCÈNE I.

SABINE seule.

Prenons parti, mon ame, en de telles disgrâces ;
Soyons femme d'Horace ou sœur des Curiaces :
Cessons de partager nos inutiles soins ;
Souhaitons quelque chose, et craignons un peu moins.
Mais, las ! quel parti prendre en un sort si contraire ?
Quel ennemi choisir d'un époux ou d'un frère ?
La nature ou l'amour parle pour chacun d'eux,
Et la loi du devoir m'attache à tous les deux.
Sur leurs hauts sentimens réglons plutôt les nôtres ;
Soyons femme de l'un ensemble et sœur des autres ;
Regardons leur honneur comme un souverain bien ;
Imitons leur constance, et ne craignons plus rien.
La mort qui les menace est une mort si belle
Qu'il en faut sans frayeur attendre la nouvelle.
N'appelons point alors les destins inhumains ;
Songeons pour quelle cause et non par quelles mains,
Revoyons les vainqueurs sans penser qu'à la gloire
Que toute leur maison reçoit de leur victoire,
Et, sans considérer aux dépens de quel sang
Leur vertu les élève en cet illustre rang,
Faisons nos intérêts de ceux de leur famille :
En l'une je suis femme, en l'autre je suis fille,
Et tiens à toutes deux par de si forts liens
Qu'on ne peut triompher que par les bras des miens.
Fortune, quelques maux que ta rigueur m'envoie,
J'ai trouvé les moyens d'en tirer de la joie,

Et puis voir aujourd'hui le combat sans terreur,
Les morts sans désespoir, les vainqueurs sans horreur.
Flatteuse illusion, erreur douce et grossière,
Vain effort de mon ame, impuissante lumière
De qui le faux brillant prend droit de m'éblouir,
Que tu sais peu durer et tôt t'évanouir !
Pareille à ces éclairs qui, dans le fort des ombres,
Poussent un jour qui fuit et rend les nuits plus sombres,
T'u n'as frappé mes yeux d'un moment de clarté
Que pour les abîmer dans plus d'obscurité.
Tu charmois trop ma peine, et le ciel qui s'en fâche
Me vend déjà bien cher ce moment de relâche.
Je sens mon triste cœur percé de tous les coups
Qui m'ôtent maintenant un frère ou mon époux :
Quand je songe à leur mort, quoi que je me propose,
Je songe par quels bras et non pour quelle cause,
Et ne vois les vainqueurs en leur illustre rang
Que pour considérer aux dépens de quel sang.
La maison des vaincus touche seule mon ame ;
En l'une je suis fille, en l'autre je suis femme,
Et tiens à toutes deux par de si forts liens
Qu'on ne peut triompher que par la mort des miens.
C'est là donc cette paix que j'ai tant souhaitée !
Trop favorables dieux, vous m'avez écoutée !
Quels foudres lancez-vous quand vous vous irritez
Si même vos faveurs ont tant de cruautés ?
Et de quelle façon punissez-vous l'offense
Si vous traitez ainsi les vœux de l'innocence ?

SCÈNE II.

SABINE, JULIE.

SABINE.

En est-ce fait, Julie ? et que m'apportez-vous ?
Est-ce la mort d'un frère ou celle d'un époux ?

Le funeste succès de leurs armes impies
De tous les combattans a-t-il fait des hosties;
Et, m'enviant l'horreur que j'aurois des vainqueurs,
Pour tous tant qu'ils étoient demande-t-il mes pleurs?

JULIE.

Quoi ! ce qui s'est passé vous l'ignorez encore?

SABINE.

Vous faut-il étonner de ce que je l'ignore?
Et ne savez-vous pas que de cette maison
Pour Camille et pour moi l'on fait une prison?
Julie, on nous renferme ; on a peur de nos larmes:
Sans cela nous serions au milieu de leurs armes,
Et par les désespoirs d'une chaste amitié
Nous aurions des deux camps tiré quelque pitié.

JULIE.

Il n'étoit pas besoin d'un si tendre spectacle;
Leur vue à leur combat apporte assez d'obstacle.
Sitôt qu'ils ont paru prêts à se mesurer
On a dans les deux camps entendu murmurer.
A voir de tels amis, des personnes si proches
Venir pour leur patrie aux mortelles approches,
L'un s'émeut de pitié, l'autre est saisi d'horreur;
L'autre d'un si grand zèle admire la fureur ;
Tel porte jusqu'aux cieux leur vertu sans égale,
Et tel l'ose nommer sacrilége et brutale.
Ces divers sentimens n'ont pourtant qu'une voix ;
Tous accusent leurs chefs, tous détestent leur choix:
Et, ne pouvant souffrir un combat si barbare,
On s'écrie, on s'avance ; enfin on les sépare.

SABINE.

Que je vous dois d'encens, grands dieux, qui m'exaucez !

JULIE.

Vous n'êtes pas, Sabine, encore où vous pensez:
Vous pouvez espérer, vous avez moins à craindre;

Mais il vous reste encore assez de quoi vous plaindre.
En vain d'un sort si triste on les veut garantir,
Ces cruels généreux n'y peuvent consentir.
La gloire de ce choix leur est si précieuse
Et charme tellement leur ame ambitieuse,
Qu'alors qu'on les déplore ils s'estiment heureux,
Et prennent pour affront la pitié qu'on a d'eux.
Le trouble des deux camps souille leur renommée;
Ils combattront plutôt et l'une et l'autre armée,
Et mourront par les mains qui leur font d'autres lois,
Que pas un d'eux renonce aux honneurs d'un tel choix.

SABINE.

Quoi! dans leur dureté ces cœurs d'acier s'obstinent?

JULIE.

Oui : mais d'autre côté les deux camps se mutinent,
Et leurs cris, des deux parts poussés en même temps,
Demandent la bataille ou d'autres combattans.
La présence des chefs à peine est respectée ;
Leur pouvoir est douteux, leur voix mal écoutée;
Le roi même s'étonne, et pour dernier effort,
« Puisque chacun, dit-il, s'échauffe en ce discord,
Consultons des grands dieux la majesté sacrée,
Et voyons si ce change à leurs bontés agrée.
Quel impie osera se prendre à leur vouloir,
Lorsqu'en un sacrifice ils nous l'auront fait voir ? »
Il se tait, et ces mots semblent être des charmes;
Même aux six combattans ils arrachent les armes;
Et ce désir d'honneur qui leur ferme les yeux,
Tout aveugle qu'il est, respecte encor les dieux.
Leur plus bouillante ardeur cède à l'avis de Tulle:
Et, soit par déférence ou par un prompt scrupule,
Dans l'une et l'autre armée on s'en fait une loi,
Comme si toutes deux le connoissoient pour roi.
Le reste s'apprendra par la mort des victimes,

SABINE.

Les dieux n'avoueront point un combat plein de crimes;
J'en espère beaucoup, puisqu'il est différé,
Et je commence à voir ce que j'ai désiré.

SCÈNE III.

SABINE, CAMILLE, JULIE.

SABINE.

Ma sœur, que je vous dise une bonne nouvelle.

CAMILLE.

Je pense la savoir, s'il faut la nommer telle;
On l'a dite à mon père, et j'étois avec lui:
Mais je n'en conçois rien qui flatte mon ennui.
Ce délai de nos maux rendra leurs coups plus rudes;
Ce n'est qu'un plus long terme à nos inquiétudes;
Et tout l'allégement qu'il en faut espérer,
C'est de pleurer plus tard ceux qu'il faudra pleurer.

SABINE.

Les dieux n'ont pas en vain inspiré ce tumulte.

CAMILLE.

Disons plutôt, ma sœur, qu'en vain on les consulte.
Ces mêmes dieu à Tulle ont inspiré ce choix,
Et la voix du public n'est pas toujours leur voix.
Ils descendent bien moins dans de si bas étages
Que dans l'ame des rois, leurs vivantes images,
De qui l'indépendante et sainte autorité
Est un rayon secret de leur divinité.

JULIE.

C'est vouloir sans raison vous former des obstacles
Que de chercher leur voix ailleurs qu'en leurs oracles,
Et vous ne vous pouvez figurer tout perdu
Sans démentir celui qui vous fut hier rendu.

CAMILLE.

Un oracle jamais ne se laisse comprendre ;
On l'entend d'autant moins que plus on croit l'entendre ;
Et loin de s'assurer sur un pareil arrêt,
Qui n'y voit rien d'obscur doit croire que tout l'est.

SABINE.

Sur ce qu'il fait pour nous prenons plus d'assurance,
Et souffrons les douceurs d'une juste espérance.
Quand la faveur du ciel ouvre à demi ses bras,
Qui ne s'en promet rien ne la mérite pas ;
Il empêche souvent qu'elle ne se déploie ;
Et lorsqu'elle descend son refus la renvoie.

CAMILLE.

Le ciel agit sans nous en ces événemens,
Et ne les règle point dessus nos sentimens.

JULIE.

Il ne vous a fait peur que pour vous faire grâce.
Adieu : je vais savoir comme enfin tout se passe.
Modérez vos frayeurs ; j'espère à mon retour
Ne vous entretenir que de propos d'amour,
Et que nous n'emploierons la fin de la journée
Qu'aux doux préparatifs d'un heureux hyménée.

SABINE.

J'ose encor l'espérer.

CAMILLE.

Moi, je n'espère rien.

JULIE.

L'effet vous fera voir que nous en jugeons bien.

SCÈNE IV.

SABINE, CAMILLE.

SABINE.

Parmi nos déplaisirs souffrez que je vous blâme :

Je ne puis approuver tant de trouble en votre ame.
Que feriez-vous, ma sœur, au point où je vous vois
Si vous aviez à craindre autant que je le dois,
Et si vous attendiez de leurs armes fatales
Des maux pareils aux miens et des pertes égales?

CAMILLE.

Parlez plus sainement de vos maux et des miens.
Chacun voit ceux d'autrui d'un autre œil que les siens:
Mais à bien regarder ceux où le ciel me plonge
Les vôtres auprès d'eux vous sembleront un songe.
La seule mort d'Horace est à craindre pour vous;
Des frères ne sont rien à l'égal d'un époux:
L'hymen qui nous attache en une autre famille
Nous détache de celle où l'on a vécu fille :
On voit d'un œil divers des nœuds si différens,
Et pour suivre un mari l'on quitte ses parens.
Mais si près d'un hymen l'amant que donne un père
Nous est moins qu'un époux, et non pas moins qu'un frère;
Nos sentimens entre eux demeurent suspendus,
Notre choix impossible, et nos vœux confondus.
Ainsi, ma sœur, du moins vous avez dans vos plaintes
Où porter vos souhaits, et terminer vos craintes;
Mais si le ciel s'obstine à nous persécuter
Pour moi j'ai tout à craindre, et rien à souhaiter.

SABINE.

Quand il faut que l'un meure, et par les mains de l'autre,
C'est un raisonnement bien mauvais que le vôtre.
Quoique ce soient, ma sœur, des nœuds bien différens
C'est sans les oublier qu'on quitte ses parens:
L'hymen n'efface point ces profonds caractéres;
Pour aimer un mari l'on ne hait pas ses frères;
La nature en tout temps garde ses premiers droits;
Aux dépens de leur vie on ne fait point de choix;
Aussi bien qu'un époux ils sont d'autres nous-même;

Et tous maux sont pareils alors qu'ils sont extrêmes.
Mais l'amant qui vous charme et pour qui vous brûlez
Ne vous est après tout que ce que vous voulez :
Une mauvaise humeur, un peu de jalousie
En fait assez souvent passer la fantaisie.
Ce que peut le caprice, osez-le par raison,
Et laissez votre sang hors de comparaison.
C'est crime qu'opposer des liens volontaires
A ceux que la naissance a rendus nécessaires.
Si donc le ciel s'obstine à nous persécuter,
Seule j'ai tout à craindre, et rien à souhaiter :
Mais pour vous le devoir vous donne dans vos plaintes
Où porter vos souhaits, et terminer vos craintes.

CAMILLE.

Je le vois bien, ma sœur, vous n'aimâtes jamais ;
Vous ne connoissez point ni l'amour ni ses traits :
On peut lui résister quand il commence à naître,
Mais non pas le bannir quand il s'est rendu maître,
Et que l'aveu d'un père, engageant notre foi,
A fait de ce tyran un légitime roi.
Il entre avec douceur, mais il règne par force ;
Et quand l'ame une fois a goûté son amorce
Vouloir ne plus aimer c'est ce qu'elle ne peut,
Puisqu'elle ne peut plus vouloir que ce qu'il veut ;
Ses chaînes sont pour nous aussi fortes que belles.

SCÈNE V.

LE VIEIL HORACE, SABINE, CAMILLE.

LE VIEIL HORACE.

Je viens vous apporter de fâcheuses nouvelles,
Mes filles ; mais en vain je voudrois vous celer
Ce qu'on ne vous sauroit long-temps dissimuler :
Vos frères sont aux mains, les dieux ainsi l'ordonnent.

SABINE.

Je veux bien l'avouer, ces nouvelles m'étonnent,
Et je m'imaginois dans la divinité
Beaucoup moins d'injustice et bien plus de bonté.
Ne nous consolez point; contre tant d'infortune
La pitié parle en vain, la raison importune :
Nous avons en nos mains la fin de nos douleurs,
Et qui veut bien mourir peut braver les malheurs.
Nous pourrions aisément faire en votre présence,
De notre désespoir une fausse constance;
Mais quand on peut sans honte être sans fermeté
L'affecter au dehors c'est une lâcheté :
L'usage d'un tel art, nous le laissons aux hommes,
Et ne voulons passer que pour ce que nous sommes;
Nous ne demandons point qu'un courage si fort
S'abaisse, à notre exemple, à se plaindre du sort.
Recevez sans frémir ces mortelles alarmes;
Voyez couler nos pleurs sans y mêler vos larmes;
Enfin, pour toute grâce en de tels déplaisirs,
Gardez votre constance et souffrez nos soupirs.

LE VIEIL HORACE.

Loin de blâmer les pleurs que je vous vois répandre,
Je crois faire beaucoup de m'en pouvoir défendre,
Et céderois peut-être à de si rudes coups
Si je prenois ici même intérêt que vous :
Non qu'Albe par son choix m'ait fait haïr vos frères,
Tous trois me sont encor des personnes bien chères;
Mais enfin l'amitié n'est pas de même rang,
Et n'a point les effets de l'amour ni du sang.
Je ne sens point pour eux la douleur qui tourmente
Sabine comme sœur, Camille comme amante;
Je puis les regarder comme nos ennemis,
Et donne sans regret mes souhaits à mes fils.
Ils sont, grâces aux dieux, dignes de leur patrie;
Aucun étonnement n'a leur gloire flétrie;

Et j'ai vu leur bonneur croître de la moitié,
Quand ils ont des deux camps refusé la pitié.
Si par quelque foiblesse, ils l'avoient mendiée,
Si leur haute vertu ne l'eût répudiée,
Ma main bientôt sur eux m'eût vengé hautement
De l'affront que m'eût fait ce mol consentement.
Mais lorsqu'en dépit d'eux on en a voulu d'autres,
Je ne le cèle point, j'ai joint mes vœux aux vôtres.
Si le ciel pitoyable eût écouté ma voix
Albe seroit réduite à faire un autre choix :
Nous pourrions voir tantôt triompher les Horaces
Sans voir leurs bras souillés du sang des Curiaces,
Et de l'événement d'un combat plus humain
Dépend oit maintenant l'honneur du nom romain.
La prudence des dieux autrement en dispose ;
Sur leur ordre éternel mon esprit se repose ;
Il s'arme en ce besoin de générosité,
Et du bonheur public fait sa félicité.
Tâchez d'en faire autant pour soulager vos peines,
Et songez toutes deux que vous êtes Romaines ;
Vous l'êtes devenues et vous l'êtes encor :
Un si glorieux titre est un digne trésor.
Un jour, un jour viendra que par toute la terre
Rome se fera craindre à l'égal du tonnerre,
Et que, tout l'univers tremblant dessous ses lois,
Ce grand nom deviendra l'ambition des rois.
Les dieux à notre Énée ont promis cette gloire.

SCÈNE VI.

LE VIEIL HORACE, SABINE, CAMILLE, JULIE.

LE VIEIL HORACE.

Nous venez-vous, Julie, apprendre la victoire?

JULIE.

Mais plutôt du combat les funestes effets.
Rome est sujette d'Albe, et vos fils sont défaits;
Des trois les deux sont morts, son époux seul vous reste!

LE VIEIL HORACE.

Oh! d'un triste combat effet vraiment funeste!
Rome est sujette d'Albe! et pour l'en garantir
Il n'a pas employé jusqu'au dernier soupir!
Non, non, cela n'est point; on vous trompe, Julie:
Rome n'est point sujette, ou mon fils est sans vie;
Je connois mieux mon sang, il sait mieux son devoir.

JULIE.

Mille de nos remparts comme moi l'ont pu voir.
Il s'est fait admirer tant qu'ont duré ses frères;
Mais quand il s'est vu seul contre trois adversaires,
Près d'être entouré d'eux, sa fuite l'a sauvé.

LE VIEIL HORACE.

Et nos soldats trahis ne l'ont point achevé!
Dans leurs rangs à ce lâche ils ont donné retraite!

JULIE.

Je n'ai rien voulu voir après cette défaite.

CAMILLE.

O mes frères!

LE VIEIL HORACE.

Tout beau, ne les pleurez pas tous:
Deux jouissent d'un sort dont leur père est jaloux.
Que des plus nobles fleurs leur tombe soit couverte,
La gloire de leur mort m'a payé de leur perte:
Ce bonheur a suivi leur courage invaincu
Qu'ils ont vu Rome libre autant qu'ils ont vécu,
Et ne l'auront point vue obéir qu'à son prince,
Ni d'un état voisin devenir la province.
Pleurez l'autre, pleurez l'irréparable affront
Que sa fuite honteuse imprime à notre front:

Pleurez le déshonneur de toute notre race
Et l'opprobre éternel qu'il laisse au nom d'Horace.

JULIE.

Que vouliez-vous qu'il fît contre trois?

LE VIEIL HORACE.

Qu'il mourût,

Ou qu'un beau désespoir alors le secourût.
N'eût-il que d'un moment reculé sa défaite,
Rome eût été du moins un peu plus tard sujette :
Il eût avec honneur laissé mes cheveux gris,
Et c'étoit de sa vie un assez digne prix.
Il est de tout son sang comptable à sa patrie ;
Chaque goutte épargnée a sa gloire flétrie ;
Chaque instant de sa vie, après ce lâche tour,
Met d'autant plus ma honte avec la sienne au jour.
J'en romprai bien le cours : et ma juste colère,
Contre un indigne fils usant des droits d'un père,
Saura bien faire voir dans sa punition
L'éclatant désaveu d'une telle action.

SABINE.

Ecoutez un peu moins ces ardeurs généreuses,
Et ne nous rendez point tout à fait malheureuses.

LE VIEIL HORACE.

Sabine, votre cœur se console aisément;
Nos malheurs jusqu'ici vous touchent foiblement:
Vous n'avez point encor de part à nos misères,
Le ciel vous a sauvé votre époux et vos frères ;
Si nous sommes sujets, c'est de votre pays :
Vos frères sont vainqueurs quand nous sommes trahis,
Et, voyant le haut point où leur gloire se monte,
Vous regardez fort peu ce qui nous vient de honte.
Mais votre trop d'amour pour cet infâme époux
Vous donnera bientôt à plaindre comme à nous.
Vos pleurs en sa faveur sont de foibles défenses;

J'atteste des grands dieux les suprêmes puissances
Qu'avant ce jour fini ces mains, ces propres mains,
Laveront dans son sang la honte des Romains.

(Le vieil Horace sort.)

SABINE.

Suivons-le promptement, la colère l'emporte.
Dieux! verrons nous toujours des malheurs de la sorte?
Nous faudra-t-il toujours en craindre de plus grands,
Et toujours redouter la main de nos parens ?

ACTE QUATRIÈME.

SCÈNE I.

LE VIEIL HORACE, CAMILLE.

LE VIEIL HORACE.

Ne me parlez jamais en faveur d'un infâme.
Qu'il me fuie à l'égal des frères de sa femme;
Pour conserver un sang qu'il tient si précieux
Il n'a rien fait encor s'il n'évite mes yeux.
Sabine y peut mettre ordre, ou derechef j'atteste
Le souverain pouvoir de la voûte céleste...

CAMILLE.

Ah! mon père! prenez un plus doux sentiment;
Vous verrez Rome même en user autrement,
Et, de quelque malheur que le ciel l'ait comblée,
Excuser la vertu sous le nombre accablée.

LE VIEIL HORACE.

Le jugement de Rome est peu pour mon regard;
Camille, je suis père, et j'ai mes droits à part.
Je sais trop comme agit la vertu véritable;
C'est sans en triompher que le nombre l'accable,
Et sa mâle vigueur, toujours en même point,
Succombe sous la force, et ne lui cède point.
Taisez-vous; et sachons ce que nous veut Valère.

SCÈNE II.

LE VIEIL HORACE, VALÈRE, CAMILLE.

VALÈRE.

Envoyé par le roi pour consoler un père,

Et pour lui témoigner...

LE VIEIL HORACE,

N'en prenez aucun soin;
C'est un soulagement dont je n'ai pas besoin,
Et j'aime mieux voir morts que couverts d'infamie
Ceux que vient de m'ôter une main ennemie.
Tous deux pour leur pays sont morts en gens d'honneur;
Il me suffit.

VALÈRE.

Mais l'autre est un rare bonheur ;
Dé tous les trois chez vous il doit tenir la place.

LE VIEIL HORACE.

Que n'a-t-on vu périr en lui le nom d'Horace !

VALÈRE.

Seul vous le maltraitez après ce qu'il a fait.

LE VIEIL HORACE.

C'est à moi seul aussi de punir son forfait.

VALÈRE.

Quel forfait trouvez-vous en sa bonne conduite ?

LE VIEIL HORACE.

Quel éclat de vertu trouvez-vous en sa fuite ?

VALÈRE.

La fuite est glorieuse en cette occasion.

LE VIEIL HORACE.

Vous redoublez ma honte et ma confusion.
Certes l'exemple est rare et digne de mémoire
De trouver dans la fuite un chemin à la gloire!

VALÈRE.

Quelle confusion et quelle honte à vous
D'avoir produit un fils qui nous conserve tous,
Qui fait triompher Rome, et lui gagne un empire?
A quel plus grands honneurs faut-il qu'un père aspire?

LE VIEIL HORACE.

Quels honneurs, quel triomphe, et quel empire enfin
Lorsqu'Albe sous ses lois range notre destin ?

VALÈRE.

Que parlez-vous ici d'Albe et de sa victoire ?
Ignorez-vous encor la moitié de l'histoire ?

LE VIEIL HORACE.

Je sais que par sa fuite il a trahi l'état.

VALÈRE.

Oui, s'il eût en fuyant terminé le combat ;
Mais on a bientôt vu qu'il ne fuyoit qu'en homme
Qui savoit ménager l'avantage de Rome.

LE VIEIL HORACE.

Quoi ! Rome donc triomphe ?

VALÈRE.

                              Apprenez, apprenez
La valeur de ce fils qu'à tort vous condamnez.
Resté seul contre trois, mais en cette aventure
Tous trois étant blessés et lui seul sans blessure,
Trop foible pour eux trois, trop fort pour chacun d'eux,
Il sait bien se tirer d'un pas si hasardeux ;
Il fuit pour mieux combattre, et cette prompte ruse
Divise adroitement trois frères qu'elle abuse.
Chacun le suit d'un pas ou plus ou moins pressé,
Selon qu'il se rencontre ou plus ou moins blessé ;
Leur ardeur est égale à poursuivre sa fuite,
Mais leurs coups inégaux séparent leur poursuite.
Horace, les voyant l'un de l'autre écartés,
Se retourne, et déjà les croit demi-domptés ;
Il attend le premier, et c'étoit votre gendre.
L'autre, tout indigné qu'il ait osé l'attendre,
En vain en l'attaquant fait paroître un grand cœur ;
Le sang qu'il a perdu ralenti sa vigueur.
Albe à son tour commence à craindre un sort contraire
Elle crie au second qu'il secoure son frère ;

Il se hâte, et s'épuise en efforts superflus;
Il trouve en le joignant, que son frère n'est plus.

CAMILLE.

Hélas!

VALÈRE.

Tout hors d'haleine il prend pourtant sa place,
Et redouble bientôt la victoire d'Horace:
Son courage sans force est un débile appui;
Voulant venger son frère il tombe auprès de lui.
L'air résonne des cris qu'au ciel chacun envoie;
Albe en jette d'angoisse, et les Romains de joie.
Comme notre héros se voit près d'achever,
C'est peu pour lui de vaincre, il veut encor braver;
« J'en viens d'immoler deux aux mânes de mes frères,
Rome aura le dernier de mes trois adversaires;
C'est à ses intérêts que je vais l'immoler, »
Dit-il, et tout d'un temps on le voit y voler.
La victoire entre eux deux n'étoit pas incertaine;
L'Albain, percé de coups, ne se traînoit qu'à peine;
Et, comme une victime aux marches de l'autel,
Il sembloit présenter sa gorge au coup mortel:
Aussi le reçoit-il, peu s'en faut, sans défense;
Et son trépas de Rome établit la puissance.

LE VIEIL HORACE.

O mon fils! ô ma joie! ô l'honneur de nos jours!
Oh! d'un état penchant l'inespéré secours!
Vertu digne de Rome, et sang digne d'Horace!
Appui de ton pays, et gloire de ta race!
Quand pourrai-je étouffer dans tes embrassemens
L'erreur dont j'ai formé de si faux sentimens?
Quand pourra mon amour baigner avec tendresse
Ton front victorieux de larmes d'allégresse?

VALÈRE.

Vos caresses bientôt pourront se déployer;

Le roi dans un moment vous le va renvoyer,
Et remet à demain la pompe qu'il prépare
D'un sacrifice aux dieux pour un bonheur si rare.
Aujourd'hui seulement on s'acquitte vers eux
Par des chants de victoire et par de simples vœux;
C'est où le roi le mène, et tandis il m'envoie
Faire office vers vous de douleur et de joie.
Mais cet office encor n'est pas assez pour lui;
Il y viendra lui-même, et peut-être aujourd'hui:
Il croit mal reconnoître une vertu si pure
Si de sa propre bouche il ne vous en assure,
S'il ne vous dit chez vous combien vous doit l'état.

LE VIEIL HORACE.

De tels remerciemens ont pour moi trop d'éclat,
Et je me tiens déjà trop payé par les vôtres
Du service d'un fils et du sang des deux autres.

VALÈRE.

Il ne sait ce que c'est d'honorer à demi,
Et son sceptre arraché des mains de l'ennemi
Fait qu'il tient cet honneur qu'il lui plaît de vous faire
Au dessous du mérite et du fils et du père.
Je vais lui témoigner quels nobles sentimens
La vertu vous inspire en tous vos mouvemens,
Et combien vous montrez d'ardeur pour son service.

LE VIEIL HORACE.

Je vous devrai beaucoup pour un si bon office.

SCÈNE III.

LE VIEIL HORACE, CAMILLE.

LE VIEIL HORACE.

Ma fille, il n'est plus temps de répandre des pleurs;
Il sied mal d'en verser où l'on voit tant d'honneurs:
On pleure injustement des pertes domestiques

Quand on en voit sortir des victoires publiques.
Rome triomphe d'Albe, et c'est assez pour nous;
Tous nos maux à ce prix doivent nous être doux.
En la mort d'un amant vous ne perdez qu'un homme
Dont la perte est aisée à réparer dans Rome:
Après cette victoire il n'est point de Romain
Qui ne soit glorieux de vous donner la main.
Il me faut à Sabine en porter la nouvelle:
Ce coup sera sans doute assez rude pour elle;
Et ses trois frères morts par la main d'un époux
Lui donneront des pleurs bien plus justes qu'à vous:
Mais j'espère aisément en dissiper l'orage,
Et qu'un peu de prudence, aidant son grand courage,
Fera bientôt régner sur un si noble cœur.
Le généreux amour qu'elle doit au vainqueur.
Cependant étouffez cette lâche tristesse;
Recevez-le s'il vient avec moins de foiblesse;
Faites-vous voir sa sœur, et qu'en un même flanc
Le ciel vous a tous deux formés d'un même sang.

SCÈNE IV.

CAMILLE, seule.

Oui, je lui ferai voir par d'infaillibles marques
Qu'un véritable amour brave la main des Parques,
Et ne prend point de lois de ces cruels tyrans
Qu'un astre injurieux nous donne pour parens.
Tu blâmes ma douleur! tu l'oses nommer lâche!
Je l'aime d'autant plus que plus elle te fâche,
Impitoyable père! et par un juste effort
Je la veux rendre égale aux rigueurs de mon sort.
En vit-on jamais un dont les rudes traverses
Prissent en moins de rien tant de faces diverses,
Qui fût doux tant de fois et tant de fois cruel,

Et portât tant de coups avant le coup mortel?
Vit-on jamais une ame en un jour plus atteinte
De joie et de douleur, d'espérance et de crainte,
Asservie en esclave à plus d'événemens,
Et le piteux jouet de plus de changemens?
Un oracle m'assure; un songe me travaille;
La paix calme l'effroi que me fait la bataille;
Mon hymen se prépare, et presque en un moment
Pour combattre mon frère on choisit mon amant:
Ce choix me désespère, et tous le désavouent;
La partie est rompue, et les dieux la renouent!
Rome semble vaincue, et seul des trois Albains
Curiace en mon sang n'a point trempé ses mains;
O dieux! sentois-je alors des douleurs trop légères
Pour le malheur de Rome et la mort de deux frères?
Et me flattois-je trop quand je croyois pouvoir
L'aimer encor sans crime et nourrir quelque espoir?
Sa mort m'en punit bien, et la façon cruelle
Dont mon ame éperdue en reçoit la nouvelle,
Son rival me l'apprend, et, faisant à mes yeux
D'un si triste succés le récit odieux,
Il porte sur son front une allégresse ouverte
Que le bonheur public fait bien moins que ma perte,
Et, bâtissant en l'air sur le malheur d'autrui,
Aussi bien que mon frère il triomphe de lui.
Mais ce n'est rien encore au prix de ce qui reste:
On demande ma joie en un jour si funeste?
Il me faut applaudir aux exploits du vainqueur,
Et baiser une main qui me perce le cœur!
En un sujet de pleurs si grand, si légitime,
Se plaindre est une honte, et soupirer un crime:
Leur brutale vertu veut qu'on s'estime heureux,
Et si l'on n'est barbare on n'est point généreux.
Dégénérons, mon cœur, d'un si vertueux père;
Soyons indigne sœur d'un si généreux frère;

C'est gloire de passer pour un cœur abattu
Quand la brutalité fait la haute vertu.
Éclatez, mes douleurs, à quoi bon vous contraindre?
Quand on a tout perdu que sauroit-on plus craindre?
Pour ce cruel vainqueur n'ayez point de respect;
Loin d'éviter ses yeux, croissez à son aspect;
Offensez sa victoire, irritez sa colère,
Et prenez, s'il se peut, plaisir à lui déplaire.
Il vient: préparons-nous à montrer constamment
Ce que doit une amante à la mort d'un amant.

SCÈNE V.

HORACE, CAMILLE, PROCULE portant en sa main
les trois épées des Curiaces.

HORACE.

Ma sœur, voici le bras qui venge nos deux frères;
Le bras qui rompt le cours de nos destins contraires,
Qui nous rend maîtres d'Albe; enfin voici le bras
Qui seul fait aujourd'hui le sort de deux états.
Vois ces marques d'honneur, ces témoins de ma gloire
Et rends ce que tu dois à l'heur de ma victoire.

CAMILLE.

Recevez donc mes pleurs; c'est ce que je lui dois.

HORACE.

Rome n'en veut point voir après de tels exploits;
Et nos deux frères morts dans le malheur des armes
Sont trop payés de sang pour exiger des larmes.
Quand la perte est vengée on n'a plus rien perdu.

CAMILLE.

Puisqu'ils sont satisfaits par le sang épandu,
Je cesserai pour eux de paroître affligée,
Et j'oublierai leur mort que vous avez vengée.
Mais qui me vengera de celle d'un amant

Pour me faire oublier sa perte en un moment?
                    HORACE.

Que dis-tu, malheureuse?
                    CAMILLE.

                        Oh! mon cher Curiace!
                    HORACE.

Oh! d'une indigne sœur insupportable audace!
D'un ennemi public, dont je reviens vainqueur,
Le nom est dans ta bouche, et l'amour dans ton cœur!
Ton ardeur criminelle à la vengeance aspire!
Ta bouche la demandé, et ton cœur la respire!
Suis moins ta passion, règle mieux tes désirs,
Ne me fais plus rougir d'entendre tes soupirs.
Tes flammes désormais doivent être étouffées;
Bannis-les de ton ame, et songe à mes trophées;
Qu'ils soient dorénavant ton unique entretien.
                    CAMILLE.

Donne-moi donc, barbare, un cœur comme le tien;
Et, si tu veux enfin que je t'ouvre mon ame,
Rends-moi mon Curiace, ou laisse agir ma flamme.
Ma joie et mes douleurs dépendoient de son sort;
Je l'adorois vivant, et je le pleure mort.
Ne cherche plus ta sœur où tu l'avois laissée;
Tu ne revois en moi qu'une amante offensée,
Qui, comme une furie attachée à tes pas,
Te veut incessamment reprocher son trépas.
Tigre altéré de sang, qui me défends les larmes,
Qui veut que dans sa mort je trouve encor des charmes,
Et que, jusques au ciel élevant les exploits,
Moi-même je le tue une seconde fois!
Puissent tant de malheurs accompagner ta vie
Que tu tombes au point de me porter envie,
Et toi bientôt souiller par quelque lâcheté
Cette gloire si chère à la brutalité!

HORACE.

O ciel ! qui vit jamais une pareille rage !
Crois-tu donc que je sois insensible à l'outrage,
Que je souffre en mon sang ce mortel déshonneur ?
Aime, aime cette mort qui fait notre bonheur ;
Et préfère du moins au souvenir d'un homme
Ce que doit ta naissance aux intérêts de Rome.

CAMILLE.

Rome, l'unique objet de mon ressentiment !
Rome, à qui vient ton bras d'immoler mon amant !
Rome, qui t'a vu naître et que ton cœur adore !
Rome enfin, que je hais parcequ'elle t'honore !
Puissent tous ses voisins, ensemble conjurés,
Saper ses fondemens encor mal assurés ;
Et si ce n'est assez de toute l'Italie
Que l'orient contre elle à l'occident s'allie ;
Que cent peuples unis des bouts de l'univers
Passent pour la détruire et les monts et les mers ;
Qu'elle-même sur soi renverse ses murailles,
Et de ses propres mains déchire ses entrailles !
Que le courroux du ciel allumé par mes vœux
Fasse pleuvoir sur elle un déluge de feux !
Puissé-je de mes yeux y voir tomber ce foudre,
Voir ses maisons en cendre et tes lauriers en poudre,
Voir le dernier Romain à son dernier soupir,
Moi seule en être cause, et mourir de plaisir !

HORACE mettant l'épée à la main et poursuivant sa sœur,
qui s'enfuit.

C'est trop ; ma passion à la raison fait place.
Va dedans les enfers plaindre ton Curiace !

CAMILLE blessée derrière le théâtre.

Ah ! traître !

HORACE revenant sur le théâtre.

Ainsi reçoive un châtiment soudain
Quiconque ose pleurer un ennemi romain !

SCÈNE VI.

HORACE, PROCULE.

PROCULE.

Que venez-vous de faire ?

HORACE.

Un acte de justice.
Un semblable forfait veut un pareil supplice.

PROCULE.

Vous deviez la traiter avec moins de rigueur.

HORACE.

Ne me dis point qu'elle est et mon sang et ma sœur ;
Mon père ne peut plus l'avouer pour sa fille :
Qui maudit son pays renonce à sa famille ;
Des noms si pleins d'amour ne lui sont plus permis,
De ses plus chers parens il fait ses ennemis,
Le sang même les arme en haine de son crime,
La plus prompte vengeance en est plus légitime,
Et ce souhait impie, encore qu'impuissant,
Est un monstre qu'il faut étouffer en naissant.

SCÈNE VII.

HORACE, SABINE, PROCULE.

SABINE.

A quoi s'arrête ici ton illustre colère ?
Viens voir mourir ta sœur dans les bras de ton père ;
Viens repaître tes yeux d'un spectacle si doux :
Ou, si tu n'es point las de ces généreux coups,
Immole au cher pays des vertueux Horaces
Ce reste malheureux du sang des Curiaces ;
Si prodigue du tien, n'épargne pas le leur ;

Joins Sabine à Camille, et ta femme à ta sœur.
Nos crimes sont pareils ainsi que nos misères :
Je soupire comme elle et déplore mes frères ;
Plus coupable en ce point contre les dures lois
Qu'elle n'en pleuroit qu'un et que j'en pleure trois,
Qu'après son châtiment ma faute continue.

HORACE.

Sèche tes pleurs, Sabine, ou les cache à ma vue ;
Rends-toi digne du nom de ma chaste moitié,
Et ne m'accable point d'une indigne pitié.
Si l'absolu pouvoir d'une pudique flamme
Ne nous laisse à tous deux qu'un penser et qu'une ame,
C'est à toi d'élever tes sentimens aux miens,
Non à moi de descendre à la honte des tiens.
Je t'aime, et je connois la douleur qui te presse :
Embrasse ma vertu pour vaincre ta foiblesse ;
Participe à ma gloire au lieu de la souiller ;
Tâche à t'en revêtir, non à m'en dépouiller.
Es-tu de mon honneur si mortelle ennemie
Que je te plaise mieux couvert d'une infamie ?
Sois plus femme que ta sœur, et, te réglant sur moi,
Fais-toi de mon exemple une immuable loi.

SABINE.

Cherche pour t'imiter des ames plus parfaites.
Je ne t'impute point les pertes que j'ai faites ;
J'en ai les sentimens que je dois en avoir ;
Et je m'en prends au sort plutôt qu'à ton devoir.
Mais enfin je renonce à la vertu romaine
Si pour la posséder je dois être inhumaine,
Et ne puis voir en moi la femme du vainqueur
Sans y voir des vaincus la déplorable sœur.
Prenons part en public aux victoires publiques ;
Pleurons dans la maison nos malheurs domestiques,
Et ne regardons point des biens communs à tous

Quand nous voyons des maux qui ne sont que pour nous,
Pourquoi veux-tu, cruel, agir d'une autre sorte ?
Laisse en entrant ici tes lauriers à la porte ;
Mêle tes pleurs aux miens. Quoi ! ces lâches discours
N'arment point ta vertu contre mes tristes jours !
Mon crime redoublé n'émeut point ta colère !
Que Camille est heureuse ! elle a pu te déplaire ;
Elle a reçu de toi ce qu'elle a prétendu,
Et recouvre là-bas tout ce qu'elle a perdu.
Cher époux, cher auteur du tourment qui me presse,
Ecoute la pitié si ta colère cesse ;
Exerce l'une ou l'autre, après de tels malheurs,
A punir ma foiblesse, ou finir mes douleurs.
Je demande la mort pour grâce ou pour supplice :
Qu'elle soit un effet d'amour ou de justice,
N'importe, tous ses traits n'auront rien que de doux
Si je les vois partir de la main d'un époux.

HORACE.

Quelle injustice aux dieux d'abandonner aux femmes
Un empire si grand sur les plus belles ames,
Et de se plaire à voir de si foibles vainqueurs
Régner si puissamment sur les plus nobles cœurs !
A quel point ma vertu devient-elle réduite !
Rien ne la sauroit plus garantir que la fuite.
Adieu ; ne me suis point, ou retiens tes soupirs.

SABINE seule.

O colère, ô pitié, sourdes à mes désirs,
Vous négligez mon crime, et ma douleur vous lasse ;
Et je n'obtiens de vous ni supplice ni grâce !
Allons-y par nos pleurs faire encore un effort ;
Et n'employons après que nous à notre mort.

ACTE CINQUIÈME.

SCÈNE I.

LE VIEIL HORACE, HORACE.

LE VIEIL HORACE.

Retirons nos regards de cet objet funeste
Pour admirer ici le jugement céleste :
Quand la gloire nous enfle il sait bien comme il faut
Confondre notre orgueil qui s'élève trop haut ;
Nos plaisirs les plus doux ne vont point sans tristesse ;
Il mêle à nos vertus des marques de foiblesse,
Et rarement accorde à notre ambition
L'entier et pur honneur d'une bonne action.
Je ne plains point Camille, elle étoit criminelle ;
Je me tiens plus à plaindre, et je te plains plus qu'elle,
Moi d'avoir mis au jour un cœur si peu romain,
Toi d'avoir par sa mort déshonoré la main.
Je ne la trouve point injuste ni trop prompte ;
Mais tu pouvois, mon fils, t'en épargner la honte :
Son crime, quoique énorme et digne du trépas,
Étoit mieux impuni que puni par ton bras.

HORACE.

Disposez de mon sang, les lois vous en font maître :
J'ai cru devoir le sien aux lieux qui m'ont vu naître.
Si dans vos sentimens mon zèle est criminel,
S'il m'en faut recevoir un reproche éternel,
Si ma main en devient honteuse et profanée,
Vous pouvez d'un seul mot trancher ma destinée ;
Reprenez tout ce sang, de qui ma lâcheté

A si brutalement souillé la pureté.
Ma main n'a pu souffrir de crime en votre race ;
Ne souffrez point de tache en la maison d'Horace.
C'e t en ces actions dont l'honneur est blessé
Qu'un père tel que vous se montre intéressé :
Son amour doit se taire où toute excuse est nulle ;
Lui-même il y prend part lorsqu'il les dissimule,
Et de sa propre gloire il fait trop peu de cas
Quand il ne punit point ce qu'il n'approuve pas.

LE VIEIL HORACE.

Il n'use pas toujours d'une rigueur extrême ;
Il éparge ses fils bien souvent pour soi-même ;
Sa vieillesse sur eux aime à se soutenir,
Et ne les punit point de peur de se punir.
Je te vois d'un autre œil que tu ne te regardes :
Je sais... Mais le roi vient ; je vois entrer ses gardes.

SCÈNE II.

TULLE, VALÈRE, LE VIEIL HORACE, HORACE, TROUPE DE GARDES.

LE VIEIL HORACE.

Ah ! sire, un tel honneur a trop d'excès pour moi :
Ce n'est point en ce lieu que je dois voir mon roi.
Permettez qu'à genoux...

TULLE.

Relevez-vous , mon père ;
Je fais ce qu'en ma place un bon prince doit faire.
Un si rare service et si fort important
Veut l'honneur le plus rare et le plus éclatant :
Vous en aviez déjà sa parole pour gage :
Je ne l'ai pas voulu différer davantage.
J'ai su par son rapport, et je n'en doutois pas,
Comme de vos deux fils vous portez le trépas,

Et que déjà votre ame étant trop résolue
Ma consolation vous seroit superflue :
Mais je viens de savoir quel étrange malheur
D'un fils victorieux a suivi la valeur,
Et que son trop d'amour pour la cause publique
Par ses mains à son père ôte une fille unique.
Ce coup est un peu rude à l'esprit le plus fort,
Et je doute comment vous portez cette mort.

LE VIEIL HORACE.

Sire, avec déplaisir, mais avec patience.

TULLE.

C'est l'effet vertueux de votre expérience.
Beaucoup par un long âge ont appris comme vous
Que le malheur succède au bonheur le plus doux :
Peu savent comme vous s'appliquer ce remède,
Et dans leur intérêt toute leur vertu cède.
Si vous pouvez trouver dans ma compassion
Quelque soulagement pour votre affliction,
Ainsi que votre mal sachez qu'elle est extrême,
Et que je vous en plains autant que je vous aime.

VALÈRE.

Sire, puisque le ciel entre les mains des rois
Dépose sa justice et la force des lois,
Et que l'état demande aux princes légitimes
Des prix pour les vertus, des peines pour les crimes,
Souffrez qu'un bon sujet vous fasse souvenir
Que vous plaignez beaucoup ce qu'il vous faut punir ;
Souffrez...

LE VIEIL HORACE.

Quoi ! qu'on envoie un vainqueur au supplice ?

TULLE.

Permettez qu'il achève, et je ferai justice.
J'aime à la rendre à tous, à toute heure, en tout lieu :
C'est par elle qu'un roi se fait un demi-dieu :

Et c'est dont je vous plains qu'après un tel service
On puisse contre lui me demander justice.

VALÈRE.

Souffrez donc, ô grand roi, le plus juste des rois,
Que tous les gens de bien vous parlent par ma voix:
Non que nos cœurs jaloux de ses honneurs s'irritent;
S'il en reçoit beaucoup, ses hauts faits les méritent:
Ajoutez-y plutôt que d'en diminuer;
Nous sommes tous encor prêts d'y contribuer:
Mais puisque d'un tel crime il s'est montré capable,
Qu'il triomphe en vainqueur, et périsse en coupable.
Arrêtez sa fureur, et sauvez de ses mains,
Si vous voulez régner, le reste des Romains.
Il y va de la perte ou du salut du reste.
La guerre avoit un cours si sanglant, si funeste,
Et les nœuds de l'hymen, durant nos bons destins,
Ont tant de fois uni des peuples si voisins
Qu'il est peu de Romains que le parti contraire
N'intéresse en la mort d'un gendre ou d'un beau-frère,
Et qui ne soient forcés de donner quelques pleurs
Dans le bonheur public à leurs propres malheurs:
Si c'est offenser Rome, et que l'heur de ses armes
L'autorise à punir ce crime de nos larmes,
Quel sang épargnera ce barbare vainqueur
Qui ne pardonne pas à celui de sa sœur,
Et ne peut excuser cette douleur pressante
Que la mort d'un amant jette au cœur d'une amante
Quand, près d'être éclairé du nuptial flambeau,
Elle voit avec lui son espoir au tombeau?
Faisant triompher Rome, il se l'est asservie;
Il a sur nous un droit et de mort et de vie;
Et nos jours criminels ne pourront plus durer
Qu'autant qu'à sa clémence il plaira l'endurer.
Je pourrois ajouter aux intérêts de Rome
Combien un pareil coup est indigne d'un homme:

Je pourrois demander qu'on mît devant vos yeux
Ce grand et rare exploit d'un bras victorieux.
Vous verriez un beau sang, pour accuser sa rage,
D'un frère si cruel rejaillir au visage :
Vous verriez des horreurs qu'on ne peut concevoir:
Son âge et sa beauté vous pourroient émouvoir :
Mais je hais ces moyens qui sentent l'artifice.
Vous avez à demain remis le sacrifice :
Pensez-vous que les dieux, vengeurs des innocens,
D'une main parricide acceptent de l'encens ?
Sur vous ce sacrilége attireroit sa peine :
Ne le considérez qu'en objet de leur haine :
Et croyez avec nous qu'en tous ces trois combats
Le bon destin de Rome a plus fait que son bras,
Puisque ces mêmes dieux, auteurs de sa victoire,
Ont permis qu'aussitôt il en souillât la gloire,
Et qu'un si grand courage, après ce noble effort,
Fût digne en même jour de triomphe et de mort.
Sire, c'est ce qu'il faut que votre arrêt décide.
En ce lieu Rome a vu le premier parricide :
La suite en est à craindre, et la haine des cieux.
Sauvez-nous de sa main, et redoutez les dieux.

TULLE.

Défendez-vous, Horace.

HORACE.

A quoi bon me défendre?
Vous savez l'action, vous la venez d'entendre :
Ce que vous en croyez me doit être une loi.
Sire, on se défend mal contre l'avis d'un roi,
Et le plus innocent devient souvent coupable
Quand aux yeux de son prince il paroît condamnable:
C'est crime qu'envers lui se vouloir excuser :
Notre sang est son bien, il en peut disposer ;
Et c'est à nous de croire, alors qu'il en dispose,

Qu'il ne s'en prive point sans une juste cause.
Sire, prononcez donc, je suis prêt d'obéir :
D'autres aiment la vie, et je la dois haïr.
Je ne reproche point à l'ardeur de Valère
Qu'en amant de la sœur il accuse le frère :
Mes vœux avec les siens conspirent aujourd'hui :
Il demande ma mort, je la veux comme lui.
Un seul point entre nous met cette différence,
Que mon honneur par là cherche son assurance,
Et qu'à ce même but nous voulons arriver,
Lui pour flétrir ma gloire, et moi pour la sauver.
Sire, c'est rarement qu'il s'offre une matière
A montrer d'un grand cœur la vertu tout entière :
Suivant l'occasion elle agit plus ou moins,
Et paroît forte ou foible aux yeux de ses témoins.
Le peuple, qui voit tout seulement par l'écorce,
S'attache à son effet pour juger de sa force :
Il veut que ses dehors gardent un même cours :
Qu'ayant fait un miracle elle en fasse toujours :
Après une action pleine, haute, éclatante,
Tout ce qui brille moins remplit mal son attente :
Il veut qu'on soit égal en tout temps, en tous lieux ;
Il n'examine point si lors on pouvoit mieux,
Ni que, s'il ne voit pas sans cesse une merveille,
L'occasion est moindre, et la vertu pareille :
Son injustice accable et détruit les grands noms :
L'honneur des premiers faits se perd par les seconds ;
Et quand la renommée a passé l'ordinaire
Si l'on n'en veut déchoir il ne faut plus rien faire.
Je ne vanterai point les exploits de mon bras :
Votre majesté, sire, a vu mes trois combats :
Il est bien malaisé qu'un pareil les seconde,
Qu'une autre occasion à celle-ci réponde,
Et que tout mon courage, après de si grands coups,
Parvienne à des succès qui n'aillent au dessous ;

Si bien que, pour laisser une illustre mémoire,
La mort seule aujourd'hui peut conserver ma gloire :
Encor la falloit-il sitôt que j'eus vaincu,
Puisque pour mon honneur j'ai déjà trop vécu.
Un homme tel que moi voit sa gloire ternie
Quand il tombe en péril de quelque ignominie,
Et ma main auroit su déjà m'en garantir ;
Mais sans votre congé mon sang n'ose sortir ;
Comme il vous appartient, votre aveu doit se prendre ;
C'est vous le dérober qu'autrement le répandre.
Rome ne manque point de généreux guerriers ;
Assez d'autres sans moi soutiendront vos lauriers ;
Que votre majesté désormais m'en dispense ;
Et si ce que j'ai fait vaut quelque récompense,
Permettez, ô grand roi, que de ce bras vainqueur
Je m'immole à ma gloire, et non pas à ma sœur.

SCÈNE III.

TULLE, VALÈRE, LE VIEIL HORACE, HORACE, SABINE.

SABINE.

Sire, écoutez Sabine, et voyez dans son âme
Les douleurs d'une sœur et celles d'une femme,
Qui, toute désolée à vos sacrés genoux,
Pleure pour sa famille et craint pour son époux.
Ce n'est pas que je veuille avec cet artifice
Dérober un coupable au bras de la justice ;
Quoi qu'il ait fait pour vous, traitez-le comme tel,
Et punissez en moi ce noble criminel ;
De mon sang malheureux expiez tout son crime :
Vous ne changerez point pour cela de victime ;
Ce n'en sera point prendre une injuste pitié,
Mais en sacrifier la plus chère moitié.

Les nœuds de l'hyménée et son amour extrême
Font qu'il vit plus en moi qu'il ne vit en lui-même;
Et si vous m'accordez de mourir aujourd'hui,
Il mourra plus en moi qu'il ne mourroit en lui.
La mort que je demande, et qu'il faut que j'obtienne,
Augmentera sa peine et finira la mienne:
Sire, voyez l'excès de mes tristes ennuis,
Et l'effroyable état où mes jours sont réduits.
Quelle horreur d'embrasser un homme dont l'épée
De toute ma famille a la trame coupée!
Et quelle impiété de haïr un époux
Pour avoir bien servi les siens, l'état et vous!
Aimer un bras souillé du sang de tous mes frères!
N'aimer pas un mari qui finit nos misères!
Sire, délivrez-moi par un heureux trépas
Des crimes de l'aimer et de ne l'aimer pas:
J'en nommerai l'arrêt une faveur bien grande.
Ma main peut me donner ce que je vous demande;
Mais ce trépas enfin me sera bien plus doux
Si je puis de sa honte affranchir mon époux;
Si je puis par mon sang apaiser la colère
Des dieux qu'a pu fâcher sa vertu trop sévère,
Satisfaire en mourant aux mânes de sa sœur,
Et conserver à Rome un si bon défenseur.

LE VIEIL HORACE.

Sire, c'est donc à moi de répondre à Valère.
Mes enfans avec lui conspirent contre un père:
Tous trois veulent me perdre, et s'arment sans raison
Contre si peu de sang qui reste en ma maison.

(A Sabine.)

Toi qui par des douleurs à ton devoir contraires
Veux quitter un mari pour rejoindre tes frères,
Va plutôt consulter leurs mânes généreux;
Ils sont morts, mais pour Albe, ils s'en tiennent heureux.

Puisque le ciel vouloit qu'elle fût asservie,
Si quelque sentiment demeure après la vie,
Ce malheur semble moindre, et moins rudes ses coups,
Voyant que tout l'honneur en retombe sur nous :
Tous trois désavoueront la douleur qui te touche,
Les larmes de tes yeux, les soupirs de ta bouche,
L'horreur que tu fais voir d'un mari vertueux.
Sabine, sois leur sœur, suis ton devoir comme eux.

(Au roi.)

Contre ce cher époux Valère en vain s'anime :
Un premier mouvement ne fut jamais un crime ;
Et la louange est due au lieu du châtiment
Quand la vertu produit ce premier mouvement.
Aimer nos ennemis avec idolâtrie,
De rage en leur trépas maudire la patrie,
Souhaiter à l'état un malheur infini,
C'est ce qu'on nomme crime, et ce qu'il a puni.
Le seul amour de Rome a sa main animée ;
Il seroit innocent s'il l'avoit moins aimée.
Qu'ai-je dit ! sire, il l'est, et ce bras paternel
L'auroit déjà puni s'il étoit criminel ;
J'aurois su mieux user de l'entière puissance
Que me donnent sur lui les droits de la naissance ;
J'aime trop l'honneur, sire, et ne suis point de rang
A souffrir ni d'affront ni de crime en mon sang.
C'est dont je ne veux point de témoin que Valère ;
Il a vu quel accueil lui gardoit ma colère
Lorsque ignorant encor la moitié du combat
Je croyois que sa fuite avoit trahi l'état.
Qui le fait se charger des soins de ma famille ?
Qui le fait malgré moi vouloir venger ma fille ?
Et par quelle raison dans son juste trépas
Prend-il un intérêt qu'un père ne prend pas ?
On craint qu'après sa sœur il n'en maltraite d'autres !
Sire, nous n'avons part qu'à la honte des nôtres ;

E', de quelque façon qu'un autre puisse agir,
Qui ne nous touche point ne nous fait point rougir.

(A Valère.)

Tu peux pleurer, Valère, et même aux yeux d'Horace;
Il ne prend intérêt qu'aux crimes de sa race :
Qui n'est point de son sang ne peut faire d'affront
Aux lauriers immortels qui lui ceignent le front.
Lauriers, sacrés rameaux qu'on veut réduire en poudre,
Vous qui mettez sa tête à couvert de la foudre,
L'abandonnerez-vous à l'infâme couteau
Qui fait choir les méchans sous la main d'un bourreau?
Romains, souffrirez-vous qu'on vous immole un homme
Sans qui Rome aujourd'hui cesseroit d'être Rome,
Et qu'un Romain s'efforce à tacher le renom
D'un guerrier à qui tous doivent un si beau nom?
Dis, Valère, dis-nous, si tu veux qu'il périsse,
Où tu penses choisir un lieu pour son supplice :
Sera-ce entre ces murs que mille et mille voix
Font résonner encor du bruit de ses exploits?
Sera-ce hors des murs, au milieu de ces places
Qu'on voit fumer encor du sang des Curiaces;
Entre leurs trois tombeaux, et dans ce champ d'honneur
Témoin de sa vaillance et de notre bonheur?
Tu ne saurois cacher sa peine à sa victoire :
Dans les murs, hors des murs, tout parle de sa gloire;
Tout s'oppose à l'effort de ton injuste amour,
Qui veut d'un si bon sang souiller un si beau jour.
Albe ne pourra pas souffrir un tel spectacle,
Et Rome par ses pleurs y mettra trop d'obstacle.
Vous les préviendrez, sire; et par un juste arrêt
Vous saurez embrasser bien mieux son intérêt.
Ce qu'il a fait pour elle il peut encor le faire;
Il peut la garantir encor d'un sort contraire.
Sire, ne donnez rien à mes débiles ans;
Rome aujourd'hui m'a vu père de quatre enfans;

Trois en ce même jour sont morts pour sa querelle;
Il m'en reste encore un; conservez-le pour elle:
N'ôtez point à ces murs un si puissant appui,
Et souffrez, pour finir, que je m'adresse à lui.
Horace, ne crois pas que le peuple stupide
Soit le maître absolu d'un renom bien solide.
Sa voix tumultueuse assez souvent fait bruit;
Mais un moment l'élève, un moment le détruit;
Et ce qu'il contribue à notre renommée
Toujours en moins de rien se dissipe en fumée.
C'est aux rois, c'est aux grands, c'est aux esprits bien faits
A voir la vertu pleine en ses moindres effets;
C'est d'eux seuls qu'on reçoit la véritable gloire;
Eux seuls des vrais héros assurent la mémoire.
Vis toujours en Horace; et toujours auprès d'eux
Ton nom demeurera grand, illustre, fameux,
Bien que l'occasion moins haute et moins brillante
D'un vulgaire ignorant trompe l'injuste attente.
Ne hais donc plus la vie, et du moins vis pour moi,
Et pour servir encor ton pays et ton roi.
Sire, j'en ai trop dit; mais l'affaire vous touche;
Et Rome tout entière a parlé par ma bouche.

VALÈRE.

Sire, permettez-moi...

TULLE.

Valère, c'est assez;
Vos discours par les leurs ne sont point effacés;
J'en garde en mon esprit les forces plus pressantes,
Et toutes vos raisons me sont encor présentes.
Cette énorme action faite presque à nos yeux
Outrage la nature, et blesse jusqu'aux dieux.
Un premier mouvement qui produit un tel crime
Ne sauroit lui servir d'excuse légitime;
Les moins sévères lois en ce point sont d'accord;
Et si nous les suivons il est digne de mort.

Si d'ailleurs nous voulons regarder le coupable,
Ce crime, quoique grand, énorme, inexcusable,
Vient de la même épée et part du même bras
Qui me fait aujourd'hui maître de deux états.
Deux sceptres en ma main, Albe à Rome asservie,
Parlent bien hautement en faveur de sa vie :
Sans lui j'obéirois où je donne la loi,
Et je serois sujet où je suis deux fois roi.
Assez de bons sujets dans toutes les provinces
Par des vœux impuissans s'acquittent vers leurs princes;
Tous les peuvent aimer : mais tous ne peuvent pas
Par d'illustres effets assurer leurs états ;
Et l'art et le pouvoir d'affermir des couronnes
Sont des dons que ciel fait à peu de personnes.
De pareils serviteurs sont les forces des rois,
Et de pareils aussi sont au dessus des lois.
Qu'elles se taisent donc; que Rome dissimule
Ce que dès sa naissance elle vit en Romule;
Elle peut bien souffrir en son libérateur
Ce qu'elle a bien souffert en son premier auteur.
Vis donc, Horace, vis, guerrier trop magnanime;
Ta vertu met ta gloire au dessus de ton crime :
Sa chaleur généreuse a produit ton forfait :
D'une cause si belle il faut souffrir l'effet.
Vis pour servir l'état; vis, mais aime Valère;
Qu'il ne reste entre vous ni haine ni colère :
Et, soit qu'il ait suivi l'amour ou le devoir,
Sans aucun sentiment résous-toi de le voir.
Sabine, écoutez moins la douleur qui vous presse :
Chassez de ce grand cœur ces marques de foiblesse :
C'est en séchant vos pleurs que vous vous montrerez
La véritable sœur de ceux que vous pleurez.
Mais nous devons aux dieux demain un sacrifice :
Et nous aurions le ciel à nos vœux mal propice
Si nos prêtres, avant que de sacrifier,

Ne trouvoient les moyens de le purifier.
Son père en prendra soin : il lui sera facile
D'apaiser tout d'un temps les mânes de Camille.
Je la plains ; et pour rendre à son sort rigoureux
Ce que peut souhaiter son esprit amoureux,
Puisqu'en un même jour l'ardeur d'un même zèle
Achève le destin de son amant et d'elle,
Je veux qu'un même jour, témoin de leurs deux morts,
Dans un même tombeau voie enfermer leur corps.

FIN D'HORACE.

CINNA,

OU

LA CLÉMENCE D'AUGUSTE,

TRAGÉDIE.

(1639.)

Cui lecta potenter erit res,
Nec facundia deseret hunc, nec lucidus ordo.
(Horat.)

PERSONNAGES.

OCTAVE CÉSAR AUGUSTE, empereur de Rome.

LIVIE, impératrice.

CINNA, fils d'une fille de Pompée, chef de la conjuration contre Auguste.

MAXIME, autre chef de la conjuration.

EMILIE, fille de C. Toranius, tuteur d'Auguste, et proscrit par lui durant le triumvirat.

FULVIE, confidente d'Emilie.

POLYCLÈTE, affranchi d'Auguste.

EVANDRE, affranchi de Cinna.

EUPHORBE, affranchi de Maxime.

La scène est à Rome.

CINNA.

ACTE PREMIER.

SCÈNE I.

EMILIE.

Impatiens désirs d'une illustre vengeance
Dont la mort de mon père a formé la naissance,
Enfans impétueux de mon ressentiment,
Que ma douleur séduite embrasse aveuglément,
Vous prenez sur mon ame un trop puissant empire;
Durant quelques momens souffrez que je respire,
Et que je considère, en l'état où je suis,
Et ce que je hasarde et ce que je poursuis.
Quand je regarde Auguste au milieu de sa gloire,
Et que vous reprochez à ma triste mémoire
Que par sa propre main mon père massacré
Du trône où je le vois fait le premier degré;
Quand vous me présentez cette sanglante image,
La cause de ma haine et l'effet de ma rage,
Je m'abandonne toute à vos ardens transports,
Et crois pour une mort lui devoir mille morts.
Au milieu toutefois d'une fureur si juste
J'aime encor plus Cinna que je ne hais Auguste;
Et je sens refroidir ce bouillant mouvement
Quand il faut pour le suivre exposer mon amant.
Oui, Cinna, contre moi moi-même je m'irrite
Quand je songe aux dangers où je te précipite.
Quoique pour me servir tu n'appréhendes rien,

Te demander du sang c'est exposer le tien.
D'une si haute place on n'abat point de têtes
Sans attirer sur soi mille et mille tempêtes;
L'issue en est douteuse, et le péril certain.
Un ami déloyal peut trahir ton dessein ;
L'ordre mal concerté, l'occasion mal prise
Peuvent sur son auteur renverser l'entreprise,
Tourner sur toi les coups dont tu le veux frapper;
Dans sa ruine même il peut t'envelopper ;
Et, quoi qu'en ma faveur ton amour exécute,
Il te peut en tombant écraser sous sa chute.
Ah! cesse de courir à ce mortel danger:
Te perdre en me vengeant ce n'est pas me venger.
Un cœur est trop cruel quand il trouve des charmes
Aux douceurs que corrompt l'amertume des larmes,
Et l'on doit mettre au rang des plus cuisans malheurs
La mort d'un ennemi qui coûte tant de pleurs.
Mais peut-on en verser alors qu'on venge un père?
Est-il perte à ce prix qui ne semble légère?
Et quand son assassin tombe sous notre effort
Doit-on considérer ce que coûte sa mort?
Cessez, vaines frayeurs, cessez, lâches tendresses,
De jeter dans mon cœur vos indignes foiblesses;
Et toi qui les produis par tes soins superflus,
Amour, sers mon devoir, et ne le combats plus.
Lui céder c'est ta gloire, et le vaincre ta honte;
Montre-toi généreux, souffrant qu'il te surmonte:
Plus tu lui donneras, plus il te va donner,
Et ne triomphera que pour te couronner.

SCÈNE II.

EMILIE, FULVIE.

ÉMILIE.

Je l'ai juré, Fulvie, et je le jure encore,

Quoique j'aime Cinna, quoique mon cœur l'adore,
S'il me veut posséder, Auguste doit périr;
Sa tête est le seul prix dont il peut m'acquérir:
Je lui prescris la loi que mon devoir m'impose.

FULVIE.

Elle a pour la blâmer une trop juste cause:
Par un si grand dessein vous vous faites juger
Digne sang de celui que vous voulez venger.
Mais, encore une fois, souffrez que je vous die
Qu'une si juste ardeur devroit être attiédie:
Auguste chaque jour, à force de bienfaits,
Semble assez réparer les maux qu'il vous a faits:
Sa faveur envers vous paroît si déclarée
Que vous êtes chez lui la plus considérée,
Et de ses courtisans souvent les plus heureux
Vous pressent à genoux de lui parler pour eux.

ÉMILIE.

Toute cette faveur ne me rend pas mon père;
Et de quelque façon que l'on me considère,
Abondante en richesse ou puissante en crédit,
Je demeure toujours la fille d'un proscrit.
Les bienfaits ne font pas toujours ce que tu penses:
D'une main odieuse ils tiennent lieu d'offenses:
Plus nous en prodiguons à qui nous peut haïr,
Plus d'armes nous donnons à qui nous veut trahir.
Il m'en fait chaque jour sans changer mon courage;
Je suis ce que j'étois, et je puis davantage;
Et des mêmes présens qu'il verse dans mes mains
J'achète contre lui les esprits des Romains.
Je recevrois de lui la place de Livie
Comme un moyen plus sûr d'attenter à sa vie:
Pour qui venge son père il n'est point de forfaits,
Et c'est vendre son sang que se rendre aux bienfaits.

FULVIE.

Quel besoin toutefois de passer pour ingrate?

Ne pouvez-vous haïr sans que la haine éclate ?
Assez d'autres sans vous n'ont pas mis en oubli
Par quelles cruautés son trône est établi.
Tant de braves Romains, tant d'illustres victimes
Qu'à son ambition ont immolé ses crimes
Laissent à leurs enfans d'assez vives douleurs
Pour venger votre perte en vengeant leurs malheurs.
Beaucoup l'ont entrepris, mille autres vont les suivre :
Qui vit haï de tous ne sauroit long-temps vivre.
Remettez à leurs bras les communs intérêts,
Et n'aidez leurs desseins que par des vœux secrets.

ÉMILIE.

Quoi ! je le haïrai sans tâcher de lui nuire ?
J'attendrai du hasard qu'il ose le détruire ?
Et je satisferai des devoirs si pressans
Par une haine obscure et des vœux impuissans ?
Sa perte que je veux me deviendroit amère
Si quelqu'un l'immoloit à d'autres qu'à mon père ;
Et tu verrois mes pleurs couler pour son trépas,
Qui le faisant périr ne me vengeroit pas.
C'est une lâcheté que de remettre à d'autres
Les intérêts publics qui s'attachent aux nôtres.
Joignons à la douceur de venger nos parens
La gloire qu'on remporte à punir les tyrans,
Et faisons publier par toute l'Italie :
« La liberté de Rome est l'œuvre d'Émilie :
On a touché son ame, et son cœur s'est épris ;
Mais elle n'a donné son amour qu'à ce prix. »

FULVIE.

Votre amour à ce prix n'est qu'un présent funeste
Qui porte à votre amant sa perte manifeste.
Pensez mieux, Émilie, à quoi vous l'exposez ;
Combien à cet écueil se sont déjà brisés ;
Ne vous aveuglez point quand sa mort est visible.

ÉMILIE.

Ah ! tu sais me frapper par où je suis sensible.
Quand je songe aux dangers que je lui fais courir
La crainte de sa mort me fait déjà mourir ;
Mon esprit en désordre à soi-même s'oppose ;
Je veux, et ne veux pas ; je m'emporte, et je n'ose ;
Et mon devoir confus, languissant, étonné,
Cède aux rebellions de mon cœur mutiné.
Tout beau, ma passion, deviens un peu moins forte ;
Tu vois bien des hasards, ils sont grands, mais n'importe ;
Cinna n'est pas perdu pour être hasardé.
De quelques légions qu'Auguste soit gardé,
Quelque soin qu'il se donne et quelque ordre qu'il tienne,
Qui méprise la vie est maître de la sienne :
Plus le péril est grand, plus doux en est le fruit ;
La vertu nous y jette, et la gloire le suit.
Quoi qu'il en soit, qu'Auguste où que Cinna périsse,
Aux mânes paternels je dois ce sacrifice ;
Cinna me l'a promis en recevant ma foi,
Et ce coup seul aussi le rend digne de moi.
Il est tard après tout de m'en vouloir dédire :
Aujourd'hui l'on s'assemble, aujourd'hui l'on conspire ;
L'heure, le lieu, le bras se choisit aujourd'hui,
Et c'est à faire enfin à mourir après lui...
Mais le voici qui vient.

SCÈNE III.

CINNA, EMILIE, FULVIE.

ÉMILIE.

Cinna, votre assemblée
Par l'effroi du péril n'est-elle point troublée ?
Et reconnoissez-vous au front de vos amis
Qu'ils soient prêts à tenir ce qu'ils vous ont promis ?

CINNA.

CINNA.

Jamais contre un tyran entreprise conçue
Ne permit d'espérer une si belle issue ;
Jamais de telle ardeur on n'en jura la mort,
Et jamais conjurés ne furent mieux d'accord.
Tous s'y montrent portés avec tant d'allégresse
Qu'ils semblent comme moi servir une maîtresse ;
Et tous font éclater un si puissant courroux
Qu'ils semblent tous venger un père comme vous.

ÉMILIE.

Je l'avois bien prévu que pour un tel ouvrage
Cinna sauroit choisir des hommes de courage,
Et ne remettroit pas en de mauvaises mains
L'intérêt d'Emilie et celui des Romains.

CINNA.

Plût aux dieux que vous-même eussiez vu de quel zèle
Cette troupe entreprend une action si belle !
Au seul nom de César, d'Auguste, d'empereur
Vous eussiez vu leurs yeux s'enflammer de fureur,
Et dans un même instant, par un effet contraire,
Leur front pâlir d'horreur, et rougir de colère.
« Amis, leur ai-je dit, voici le jour heureux
Qui doit conclure enfin nos desseins généreux :
Le ciel entre nos mains a mis le sort de Rome,
Et son salut dépend de la perte d'un homme,
Si l'on doit le nom d'homme à qui n'a rien d'humain,
A ce tigre altéré de tout le sang romain :
Combien pour le répandre a-t-il formé de brigues !
Combien de fois changé de partis et de ligues,
Tantôt ami d'Antoine, et tantôt ennemi,
Et jamais insolent ni cruel à demi ! »
Là, par un long récit de toutes les misères
Que durant notre enfance ont enduré nos pères,
Renouvelant leur haine avec leur souvenir

Je redouble en leurs cœurs l'ardeur de le punir.
Je leur fais des tableaux de ces tristes batailles
Où Rome par ses mains déchiroit ses entrailles,
Où l'aigle abattoit l'aigle, et de chaque côté
Nos légions s'armoient contre leur liberté ;
Où les meilleurs soldats et les chefs les plus braves
Mettoient toute leur gloire à devenir esclaves,
Où, pour mieux assurer la honte de leurs fers,
Tous vouloient à leur chaîne attacher l'univers,
Et l'exécrable honneur de lui donner un maître
Faisant aimer à tous l'infâme nom de traître ;
Romains contre Romains, parens contre parens,
Combattoient seulement pour le choix des tyrans.
J'ajoute à ces tableaux la peinture effroyable
De leur concorde impie, affreuse, inexorable,
Funeste aux gens de bien, aux riches, au sénat,
Et, pour tout dire enfin, de leur triumvirat.
Mais je ne trouve point de couleurs assez noires
Pour en représenter les tragiques histoires :
Je les peins dans le meurtre à l'envi triomphans,
Rome entière noyée au sang de ses enfans ;
Les uns assassinés dans les places publiques,
Les autres dans le sein de leurs dieux domestiques ;
Le méchant par le prix au crime encouragé,
Le mari par sa femme en son lit égorgé ;
Le fils tout dégouttant du meurtre de son père
Et sa tête à la main demandant son salaire ;
Sans pouvoir exprimer par tant d'horribles traits
Qu'un crayon imparfait de leur sanglante paix.
Vous dirai-je les noms de ces grands personnages
Dont j'ai dépeint les morts pour aigrir les courages,
De ces fameux proscrits, ces demi-dieux mortels,
Qu'on a sacrifiés jusque sur les autels ?
Mais pourrois-je vous dire à quelle impatience,
A quels frémissemens, à quelle violence,

Ces indignes trépas, quoique mal figurés,
Ont porté les esprits de tous nos conjurés?
Je n'ai point perdu temps; et voyant leur colère
Au point de ne rien craindre, en état de tout faire,
J'ajoute en peu de mots: « Toutes ces cruautés,
La perte de nos biens et de nos libertés,
Le ravage des champs, le pillage des villes,
Et les proscriptions et les guerres civiles,
Sont les degrés sanglans dont Auguste a fait choix
Pour monter sur le trône et nous donner des lois.
Mais nous pouvons changer un destin si funeste,
Puisque de trois tyrans c'est le seul qui nous reste;
Et que juste une fois il s'est privé d'appui,
Perdant pour régner seul deux méchans comme lui.
Lui mort, nous n'avons point de vengeur ni de maître;
Avec la liberté Rome s'en va renaître;
Et nous mériterons le nom de vrais Romains
Si le joug qui l'accable est brisé par nos mains.
Prenons l'occasion tandis qu'elle est propice:
Demain au Capitole il fait un sacrifice,
Qu'il en soit la victime; et faisons en ces lieux
Justice à tout le monde à la face des dieux.
Là presque pour sa suite il n'a que notre troupe:
C'est de ma main qu'il prend et l'encens et la coupe:
Et je veux pour signal que cette même main
Lui donne au lieu d'encens d'un poignard dans le sein.
Ainsi d'un coup mortel la victime frappée
Fera voir si je suis du sang du grand Pompée;
Faites voir après moi si vous vous souvenez
Des illustres aïeux de qui vous êtes nés. »
A peine ai-je achevé que chacun renouvelle
Par un noble serment le vœu d'être fidèle:
L'occasion leur plaît; mais chacun veut pour soi
L'honneur du premier coup que j'ai choisi pour moi.
La raison règle enfin l'ardeur qui les emporte:

Maxime et la moitié s'assurent de la porte,
L'autre moitié me suit, et doit l'environner,
Prête au moindre signal que je voudrai donner.
Voilà, belle Emilie, à quel point nous en sommes;
Demain j'attends la haine ou la faveur des hommes,
Le nom de parricide ou de libérateur ;
César celui de prince ou d'un usurpateur.
Du succès qu'on obtient contre la tyrannie
Dépend ou notre gloire ou notre ignominie ;
Et le peuple, inégal à l'endroit des tyrans,
S'il les déteste morts, les adore vivans.
Pour moi, soit que le ciel me soit dur ou propice,
Qu'il m'élève à la gloire ou me livre au supplice,
Que Rome se déclare ou pour ou contre nous,
Mourant pour vous servir tout me semblera doux.

ÉMILIE.

Ne crains point de succès qui souille ta mémoire :
Le bon et le mauvais sont égaux pour ta gloire ;
Et dans un tel dessein le manque de bonheur
Met en péril ta vie et non pas ton honneur.
Regarde le malheur de Brute et de Cassie :
La splendeur de leur nom en est-elle obscurcie ?
Sont-ils morts tout entiers avec leurs grands desseins ?
Ne les compte-t-on plus pour les derniers Romains ?
Leur mémoire dans Rome est encor précieuse
Autant que de César la vie est odieuse :
Si leur vainqueur y règne, ils y sont regrettés,
Et par les vœux de tous leurs pareils souhaités.
Va marcher sur leurs pas, où l'honneur te convie,
Mais ne perds pas le soin de conserver la vie ;
Souviens-toi du beau feu dont nous sommes épris,
Qu'aussi bien que la gloire Emilie est ton prix,
Que tu me dois ton cœur, que mes faveurs t'attendent,
Que les jours me sont chers, que les miens en dépendent.
Mais quelle occasion mène Evandre vers nous ?

SCÈNE IV.

CINNA, ÉMILIE, ÉVANDRE, FULVIE.

ÉVANDRE.

Seigneur, César vous mande, et Maxime avec vous.

CINNA.

Et Maxime avec moi ! Le sais-tu bien Evandre ?

ÉVANDRE.

Polyclète est encor chez vous à vous attendre,
Et fût venu lui-même avec moi vous chercher
Si ma dextérité n'eût su l'en empêcher.
Je vous en donne avis de peur d'une surprise :
Il presse fort.

ÉMILIE.

Mander les chefs de l'entreprise !
Tous deux ! en même temps ! vous êtes découverts.

CINNA.

Espérons mieux, de grâce !

ÉMILIE.

Ah ! Cinna, je te perds !
Et les dieux, obstinés à nous donner un maître,
Parmi tes vrais amis ont mêlé quelque traître.
Il n'en faut point douter, Auguste a tout appris.
Quoi ! tous deux ! et sitôt que le conseil est pris !

CINNA.

Je ne vous puis celer que son ordre m'étonne ;
Mais souvent il m'appelle auprès de sa personne :
Maxime est comme moi de ses plus confidens,
Et nous nous alarmons peut-être en imprudens.

ÉMILIE.

Sois moins ingénieux à te tromper toi-même,
Cinna ; ne porte point mes maux jusqu'à l'extrême,

Et, puisque désormais tu ne peux me venger,
Dérobe au moins ta tête à ce mortel danger ;
Fuis d'Auguste irrité l'implacable colère :
Je verse assez de pleurs pour la mort de mon père ;
N'aigris point ma douleur par un nouveau tourment,
Et ne me réduis point à pleurer mon amant.

CINNA.

Quoi ! sur l'illusion d'une terreur panique
Trahir vos intérêts et la cause publique !
Par cette lâcheté moi-même m'accuser,
Et tout abandonner quand il faut tout oser !
Que feront nos amis si vous êtes déçue ?

ÉMILIE.

Mais que deviendras-tu si l'entreprise est sue ?

CINNA.

S'il est pour me trahir des esprits assez bas,
Ma vertu pour le moins ne me trahira pas ;
Vous la verrez brillante au bord des précipices
Se couronner de gloire en bravant les supplices,
Rendre Auguste jaloux du sang qu'il répandra,
Et le faire trembler alors qu'il me perdra.
Je deviendrois suspect à tarder davantage.
Adieu : raffermissez ce généreux courage.
S'il faut subir le coup d'un destin rigoureux,
Je mourrai tout ensemble heureux et malheureux :
Heureux pour vous servir de perdre ainsi la vie,
Malheureux de mourir sans vous avoir servie.

ÉMILIE.

Oui, va, n'écoute plus ma voix qui te retient ;
Mon trouble se dissipe, et ma raison revient :
Pardonne à mon amour cette indigne foiblesse.
Tu voudrois fuir en vain, Cinna, je le confesse :
Si tout est découvert, Auguste a su pourvoir
A ne te laisser pas ta fuite en ton pouvoir.

Porte, porte chez lui cette mâle assurance,
Digne de notre amour, digne de la naissance :
Meurs, s'il y faut mourir, en citoyen romain,
Et par un beau trépas couronne un beau dessein.
Ne crains pas qu'après toi rien ici me retienne :
Ta mort emportera mon ame vers la tienne,
Et mon cœur aussitôt percé des mêmes coups...

CINNA.

Ah ! souffrez que tout mort je vive encore en vous,
Et du moins en mourant permettez que j'espère
Que vous saurez venger l'amant avec le père.
Rien n'est pour vous à craindre, aucun de nos amis
Ne sait ni vos desseins ni ce qui m'est promis,
Et, leur parlant tantôt des misères romaines,
Je leur ai tu la mort qui fait naître nos haines,
De peur que mon ardeur touchant vos intérêts
D'un si parfait amour ne trahît les secrets.
Il n'est su que d'Evandre et de votre Fulvie.

ÉMILIE.

Avec moins de frayeur je vais donc chez Livie,
Puisque dans ton péril il me reste un moyen
De faire agir pour toi son crédit et le mien.
Mais si mon amitié par là ne te délivre,
N'espère pas qu'enfin je veuille te survivre.
Je fais de ton destin des règles à mon sort,
Et j'obtiendrai ta vie, ou je suivrai ta mort.

CINNA.

Soyez en ma faveur moins cruelle à vous-même.

ÉMILIE.

Va-t'en, et souviens-toi seulement que je t'aime.

ACTE SECOND.

SCÈNE I.

AUGUSTE, CINNA, MAXIME, TROUPE DE
COURTISANS.

AUGUSTE.

Que chacun se retire, et qu'aucun n'entre ici.
Vous, Cinna, demeurez, et vous, Maxime, aussi.
(Tous se retirent à la réserve de Cinna et de Maxime.)
Cet empire absolu sur la terre et sur l'onde,
Ce pouvoir souverain que j'ai sur tout le monde,
Cette grandeur sans borne et cet illustre rang
Qui m'a jadis coûté tant de peine et de sang;
Enfin tout ce qu'adore en ma haute fortune
D'un courtisan flatteur la présence importune,
N'est que de ces beautés dont l'éclat éblouit,
Et qu'on cesse d'aimer sitôt qu'on en jouit.
L'ambition déplaît quand elle est assouvie;
D'une contraire ardeur son ardeur est suivie;
Et comme notre esprit jusqu'au dernier soupir
Toujours vers quelque objet pousse quelque désir,
Il se ramène en soi n'ayant plus où se prendre,
Et monté sur le faîte il aspire à descendre.
J'ai souhaité l'empire, et j'y suis parvenu;
Mais en le souhaitant je ne l'ai pas connu.
Dans sa possession j'ai trouvé pour tous charmes
D'effroyables soucis, d'éternelles alarmes,
Mille ennemis secrets, la mort à tout propos,
Point de plaisir sans trouble, et jamais de repos.
Sylla m'a précédé dans ce pouvoir suprême;

I.   12

Le grand César, mon père, en a joui de même :
D'un œil si différent tous deux l'ont regardé
Que l'un s'en est démis et l'autre l'a gardé :
Mais l'un, cruel, barbare, est mort aimé, tranquille,
Comme un bon citoyen dans le sein de sa ville ;
L'autre, tout débonnaire, au milieu du sénat
A vu trancher ses jours par un assassinat.
Ces exemples récens suffiroient pour m'instruire
Si par l'exemple seul on se devoit conduire.
L'un m'invite à le suivre, et l'autre me fait peur ;
Mais l'exemple souvent n'est qu'un miroir trompeur ;
Et l'ordre du destin qui gêne nos pensées
N'est pas toujours écrit dans les choses passées.
Quelquefois l'un se brise où l'autre s'est sauvé,
Et par où l'un périt un autre est conservé.
Voilà, mes chers amis, ce qui me met en peine.
Vous qui me tenez lieu d'Agrippe et de Mécène,
Pour résoudre ce point avec eux débattu
Prenez sur mon esprit le pouvoir qu'ils ont eu.
Ne considérez point cette grandeur suprême
Odieuse aux Romains, et pesante à moi-même ;
Traitez-moi comme ami, non comme souverain :
Rome, Auguste, l'état, tout est en votre main.
Vous mettrez et l'Europe, et l'Asie, et l'Afrique
Sous les lois d'un monarque ou d'une république ;
Votre avis est ma règle, et par ce seul moyen
Je veux être empereur ou simple citoyen.

CINNA.

Malgré notre surprise et mon insuffisance,
Je vous obéirai, seigneur, sans complaisance,
Et mets bas le respect qui pourroit m'empêcher
De combattre un avis où vous semblez pencher.
Souffrez-le d'un esprit jaloux de votre gloire,
Que vous allez souiller d'une tache trop noire
Si vous ouvrez votre ame à ces impressions

Jusques à condamner toutes vos actions.
On ne renonce point aux grandeurs légitimes;
On garde sans remords ce qu'on acquiert sans crimes,
Et plus le bien qu'on quitte est noble, grand, exquis,
Plus qui l'ose quitter le juge mal acquis.
N'imprimez pas, seigneur, cette honteuse marque
A ces rares vertus qui vous ont fait monarque ;
Vous l'êtes justement, et c'est sans attentat
Que vous avez changé la forme de l'état.
Rome est dessous vos lois par le droit de la guerre,
Qui sous les lois de Rome a mis toute la terre :
Vos armes l'ont conquise, et tous les conquérans
Pour être usurpateurs ne sont pas des tyrans.
Quand ils ont sous leurs lois asservi des provinces,
Gouvernant justement ils s'en font justes princes:
C'est ce que fit César : il vous faut aujourd'hui
Condamner sa mémoire ou faire comme lui.
Si le pouvoir suprême est blâmé par Auguste,
César fut un tyran, et son trépas fut juste ;
Et vous devez aux dieux compte de tout le sang
Dont vous l'avez vengé pour monter à son rang.
N'en craignez point, seigneur, les tristes destinées ;
Un plus puissant démon veille sur vos années :
On a dix fois sur vous attenté sans effet,
Et qui l'a voulu perdre au même instant l'a fait.
On entreprend assez, mais aucun n'exécute ;
Il est des assassins, mais il n'est plus de Brute.
Enfin, s'il faut attendre un semblable revers,
Il est beau de mourir maître de l'univers.
C'est ce qu'en peu de mots j'ose dire, et j'estime
Que ce peu que j'ai dit est l'avis de Maxime.

MAXIME.

Oui, j'accorde qu'Auguste a droit de conserver
L'empire où sa vertu l'a fait seule arriver,
Et qu'au prix de son sang, au péril de sa tête

Il a fait de l'état une juste conquête :
Mais que sans se noircir il ne puisse quitter
Le fardeau que sa main est lasse de porter,
Qu'il accuse par là César de tyrannie,
Qu'il approuve sa mort, c'est ce que je dénie.
Rome est à vous, seigneur, l'empire est votre bien.
Chacun en liberté peut disposer du sien ;
Il le peut, à son choix, garder ou s'en défaire :
Vous seul ne pourriez pas ce que peut le vulgaire,
Et seriez devenu pour avoir tout dompté
Esclave des grandeurs où vous êtes monté !
Possédez-les, seigneur, sans qu'elles vous possèdent ;
Loin de vous captiver, souffrez qu'elles vous cèdent ;
Et faites hautement enfin connoître à tous
Que tout ce qu'elles ont est au dessous de vous.
Votre Rome autrefois vous donna la naissance ;
Vous lui voulez donner votre toute-puissance ;
Et Cinna vous impute à crime capital
La libéralité vers le pays natal !
Il appelle remords l'amour de la patrie !
Par la haute vertu la gloire est donc flétrie,
Et ce n'est qu'un objet digne de nos mépris
Si de ses pleins effets l'infamie est le prix.
Je veux bien avouer qu'une action si belle
Donne à Rome bien plus que vous ne tenez d'elle ;
Mais commet-on un crime indigne de pardon
Quand la reconnoissance est au dessus du don ?
Suivez, suivez, seigneur, le ciel qui vous inspire ;
Votre gloire redouble à mépriser l'empire,
Et vous serez fameux chez la postérité
Moins pour l'avoir conquis que pour l'avoir quitté.
Le bonheur peut conduire à la grandeur suprême ;
Mais pour y renoncer il faut la vertu même ;
Et peu de généreux vont jusqu'à dédaigner,
Après un sceptre acquis, la douceur de régner.

Considérez d'ailleurs que vous régnez dans Rome,
Où, de quelque façon que votre cour vous nomme,
On hait la monarchie, et le nom d'empereur
Cachant celui de roi ne fait pas moins d'horreur :
Il passe pour tyran quiconque s'y fait maître,
Qui le sert, pour esclave, et qui l'aime, pour traître;
Qui le souffre a le cœur lâche, mol, abattu,
Et pour s'en affranchir tout s'appelle vertu.
Vous en avez, seigneur, des preuves trop certaines:
On a fait contre vous dix entreprises vaines;
Peut-être que l'onzième est prête d'éclater,
Et que ce mouvement qui vous vient d'agiter
N'est qu'un avis secret que le ciel vous envoie,
Qui pour vous conserver n'a plus que cette voie.
Ne vous exposez plus à ces fameux revers :
Il est beau de mourir maître de l'univers,
Mais la plus belle mort souille notre mémoire
Quand nous avons pu vivre et croître notre gloire.

CINNA.

Si l'amour du pays doit ici prévaloir,
C'est son bien seulement que vous devez vouloir ;
Et cette liberté qui lui semble si chère
N'est pour Rome, seigneur, qu'un bien imaginaire,
Plus nuisible qu'utile, et qui n'approche pas
De celui qu'un bon prince apporte à ses états.
Avec ordre et raison les honneurs il dispense,
Avec discernement punit et récompense,
Et dispose de tout en juste possesseur
Sans rien précipiter de peur d'un successeur.
Mais quand le peuple est maître on n'agit qu'en tumulte;
La voix de la raison jamais ne se consulte;
Les honneurs sont vendus aux plus ambitieux,
L'autorité livrée aux plus séditieux.
Ces petits souverains qu'il fait pour une année,
Voyant d'un temps si court leur puissance bornée,

Des plus heureux desseins font avorter le fruit
De peur de le laisser à celui qui les suit;
Comme ils ont peu de part au bien dont ils ordonnent,
Dans le champ du public largement ils moissonnent,
Assurés que chacun leur pardonne aisément,
Espérant à son tour un pareil traitement.
Le pire des états c'est l'état populaire.

AUGUSTE.

Et toutefois le seul qui dans Rome peut plaire.
Cette haine des rois que depuis cinq cents ans
Avec le premier lait sucent tous ses enfans
Pour l'arracher des cœurs est trop enracinée.

MAXIME.

Oui, seigneur, dans son mal Rome est trop obstinée;
Son peuple, qui s'y plaît, en fuit la guérison,
Sa coutume l'emporte et non pas la raison,
Et cette vieille erreur que Cinna veut abattre
Est une heureuse erreur dont il est idolâtre,
Par qui le monde entier, asservi sous ses lois,
L'a vu cent fois marcher sur la tête des rois,
Son épargne s'enfler du sac de leurs provinces :
Que lui pouvoient de plus donner les meilleurs princes?
J'ose dire, seigneur, que par tous les climats
Ne sont pas bien reçus toutes sortes d'états;
Chaque peuple a le sien conforme à sa nature,
Qu'on ne sauroit changer sans lui faire une injure :
Telle est la loi du ciel, dont la sage équité
Sème dans l'univers cette diversité.
Les Macédoniens aiment le monarchique,
Et le reste des Grecs la liberté publique;
Les Parthes, les Persans veulent des souverains,
Et le seul consulat est bon pour les Romains.

CINNA.

Il est vrai que du ciel la prudence infinie

Départ à chaque peuple un différent génie ;
Mais il n'est pas moins vrai que cet ordre des cieux
Change selon les temps comme selon les lieux.
Rome a reçu des rois ses murs et sa naissance ;
Elle tient des consuls sa gloire et sa puissance ,
Et reçoit maintenant de vos rares bontés
Le comble souverain de ses prospérités.
Sous vous l'état n'est plus en pillage aux armées ;
Les portes de Janus par vos mains sont fermées,
Ce que sous ses consuls on n'a vu qu'une fois,
Et qu'a fait voir comme eux le second de ses rois.

MAXIME.

Les changemens d'état que fait l'ordre céleste
Ne coûtent point de sang, n'ont rien qui soit funeste.

CINNA.

C'est un ordre des dieux, qui jamais ne se rompt,
De nous vendre bien cher les grands biens qu'ils nous font
L'exil des Tarquins même ensanglanta nos terres,
Et nos premiers consuls nous ont coûté des guerres.

MAXIME.

Donc votre aïeul Pompée au ciel a résisté
Quand il a combattu pour notre liberté ?

CINNA.

Si le ciel n'eût voulu que Rome l'eût perdue,
Par les mains de Pompée il l'auroit défendue.
Il a choisi sa mort pour servir dignement
D'une marque éternelle à ce grand changement,
Et devoit cette gloire aux mânes d'un tel homme,
D'emporter avec eux la liberté de Rome.
Ce nom depuis long-temps ne sert qu'à l'éblouir,
Et sa propre grandeur l'empêche d'en jouir.
Depuis qu'elle se voit la maîtresse du monde,
Depuis que la richesse entre ses murs abonde,
Et que son sein fécond en glorieux exploits

Produit des citoyens plus puissans que des rois,
Les grands, pour s'affermir achetant les suffrages,
Tiennent pompeusement leurs maîtres à leurs gages,
Qui, par des fers dorés se laissant enchaîner,
Reçoivent d'eux les lois qu'ils pensent leur donner.
Envieux l'un de l'autre, ils mènent tout par brigues,
Que leur ambition tourne en sanglantes ligues.
Ainsi de Marius Sylla devint jaloux,
César de mon aïeul, Marc-Antoine de vous;
Ainsi la liberté ne peut plus être utile
Qu'à former les fureurs d'une guerre civile
Lorsque par un désordre à l'univers fatal
L'un ne veut point de maître, et l'autre point d'égal.
Seigneur, pour sauver Rome il faut qu'elle s'unisse
En la main d'un bon chef à qui tout obéisse.
Si vous aimez encore à la favoriser,
Otez-lui les moyens de se plus diviser.
Sylla, quittant la place enfin bien usurpée,
N'a fait qu'ouvrir le champ à César et Pompée,
Que le malheur des temps ne nous eût pas fait voir
S'il eût dans sa famille assuré son pouvoir.
Qu'a fait du grand César le cruel parricide,
Qu'élever contre vous Antoine avec Lépide,
Qui n'eussent pas détruit Rome par les Romains
Si César eût laissé l'empire entre vos mains?
Vous la replongerez en quittant cet empire
Dans les maux dont à peine encore elle respire,
Et de ce peu, seigneur, qui lui reste de sang
Une guerre nouvelle épuisera son flanc.
Que l'amour du pays, que la pitié vous touche,
Vôtre Rome à genoux vous parle par ma bouche.
Considérez le prix que vous avez coûté,
Non pas qu'elle vous croie avoir trop acheté;
Des maux qu'elle a soufferts elle est trop bien payée,
Mais une juste peur tient son âme effrayée.

Si, jaloux de son heur et las de commander,
Vous lui rendez un bien qu'elle ne peut garder,
S'il lui faut à ce prix en acheter un autre,
Si vous ne préférez son intérêt au vôtre,
Si ce funeste don la met au désespoir,
Je n'ose dire ici ce que j'ose prévoir.
Conservez-vous, seigneur, en lui laissant un maître
Sous qui son vrai bonheur commence de renaître,
Et, pour mieux assurer le bien commun de tous,
Donnez un successeur qui soit digne de vous.

AUGUSTE.

N'en délibérons plus, cette pitié l'emporte ;
Mon repos m'est bien cher, mais Rome est la plus forte,
Et, quelque grand malheur qui m'en puisse arriver,
Je consens à me perdre afin de la sauver.
Pour ma tranquillité mon cœur en vain soupire,
Cinna, par vos conseils je retiendrai l'empire ;
Mais je le retiendrai pour vous en faire part.
Je vois trop que vos cœurs n'ont point pour moi de fard,
Et que chacun de vous, dans l'avis qu'il me donne,
Regarde seulement l'état et ma personne.
Votre amour en tous deux fait ce combat d'esprits,
Et vous allez tous deux en recevoir le prix.
Maxime, je vous fais gouverneur de Sicile :
Allez donner mes lois à ce terroir fertile ;
Songez que c'est pour moi que vous gouvernerez,
Et que je répondrai de ce que vous ferez.
Pour épouse, Cinna, je vous donne Émilie ;
Vous savez qu'elle tient la place de Julie,
Et que, si nos malheurs et la nécessité
M'ont fait traiter son père avec sévérité,
Mon épargne depuis en sa faveur ouverte
Doit avoir adouci l'aigreur de cette perte.
Voyez-la de ma part, tâchez de la gagner ;
Vous n'êtes point pour elle un homme à dédaigner,

De l'offre de vos vœux elle sera ravie.
Adieu, j'en veux porter la nouvelle à Livie.

SCÈNE II.

CINNA , MAXIME.

MAXIME.

Quel est votre dessein après ces beaux discours ?
CINNA.

Le même que j'avois et que j'aurai toujours.
MAXIME.

Un chef de conjurés flatte la tyrannie !
CINNA.

Un chef de conjurés la veut voir impunie !
MAXIME.

Je veux voir Rome libre.
CINNA.

Et vous pouvez juger
Que je veux l'affranchir ensemble et la venger.
Octave aura donc vu ses fureurs assouvies,
Pillé jusqu'aux autels, sacrifié nos vies,
Rempli les champs d'horreur, comblé Rome de morts,
Et sera quitte après pour l'effet d'un remords !
Quand le ciel par nos mains à le punir s'apprête
Un lâche repentir garantira sa tête !
C'est trop semer d'appas, et c'est trop inviter
Par son impunité quelque autre à l'imiter.
Vengeons nos citoyens, et que sa peine étonne
Quiconque après sa mort aspire à la couronne,
Que le peuple aux tyrans ne soit plus exposé :
S'il eût puni Sylla, César eût moins osé.
MAXIME.

Mais la mort de César, que vous trouvez si juste,

A servi de prétexte aux cruautés d'Auguste;
Voulant nous affranchir, Brute s'est abusé;
S'il n'eût puni César, Auguste eût moins osé.

CINNA.

La faute de Cassie et ses terreurs paniques
Ont fait rentrer l'état sous des lois tyranniques;
Mais nous ne verrons point de pareils accidens
Lorsque Rome suivra des chefs moins imprudens.

MAXIME.

Nous sommes encor loin de mettre en évidence
Si nous nous conduirons avec plus de prudence:
Cependant c'en est peu que de n'accepter pas
Le bonheur qu'on recherche au péril du trépas.

CINNA.

C'en est encor bien moins alors qu'on s'imagine
Guérir un mal si grand sans couper la racine.
Employer la douceur à cette guérison
C'est en fermant la plaie y verser du poison.

MAXIME.

Vous la voulez sanglante, et la rendez douteuse.

CINNA.

Vous la voulez sans peine, et la rendez honteuse.

MAXIME.

Pour sortir de ses fers jamais on ne rougit.

CINNA.

On en sort lâchement si la vertu n'agit.

MAXIME.

Jamais la liberté ne cesse d'être aimable,
Et c'est toujours pour Rome un bien inestimable.

CINNA.

Ce ne peut être un bien qu'elle daigne estimer
Quand il vient d'une main lasse de l'opprimer.
Elle a le cœur trop bon pour se voir avec joie

Le rebut du tyran dont elle fut la proie,
Et tout ce que la gloire a de vrais partisans
Le hait trop puissamment pour aimer ses présens.

MAXIME.

Donc pour vous Emilie est un objet de haine ?

CINNA.

La recevoir de lui me seroit une gêne.
Mais quand j'aurai vengé Rome des maux soufferts
Je saurai le braver jusque dans les enfers ;
Oui, quand par son trépas je l'aurai méritée
Je veux joindre à sa main ma main ensanglantée,
L'épouser sur sa cendre, et qu'après notre effort
Les présens du tyran soient le prix de sa mort.

MAXIME.

Mais l'apparence, ami, que vous puissiez lui plaire
Teint du sang de celui qu'elle aime comme un père ?
Car vous n'êtes pas homme à la violenter.

CINNA.

Ami, dans ce palais on peut nous écouter,
Et nous parlons peut-être avec trop d'imprudence
Dans un lieu si mal propre à notre confidence.
Sortons, qu'en sûreté j'examine avec vous
Pour en venir à bout les moyens les plus doux.

ACTE TROISIÈME.

SCÈNE I.

MAXIME, EUPHORBE.

MAXIME.

Lui-même il m'a tout dit : leur flamme est mutuelle;
Il adore Émilie, il est adoré d'elle ;
Mais sans venger son père il n'y peut aspirer,
Et c'est pour l'acquérir qu'il nous fait conspirer.

EUPHORBE.

Je ne m'étonne plus de cette violence
Dont il contraint Auguste à garder sa puissance ;
La ligue se romproit s'il s'en étoit démis,
Et tous vos conjurés deviendroient ses amis.

MAXIME.

Ils servent à l'envi la passion d'un homme
Qui n'agit que pour soi, feignant d'agir pour Rome;
Et moi, par un malheur qui n'eut jamais d'égal,
Je pense servir Rome, et je sers mon rival.

EUPHORBE.

Vous êtes son rival ?

MAXIME.

Oui, j'aime sa maîtresse,
Et l'ai caché toujours avec assez d'adresse.
Mon ardeur inconnue, avant que d'éclater,
Par quelque grand exploit la vouloit mériter.
Cependant par mes mains je vois qu'il me l'enlève ;
Son dessein fait ma perte, et c'est moi qui l'achève ;
J'avance des succès dont j'attends le trépas.

Et pour m'assassiner je lui prête mon bras.
Que l'amitié me plonge en un malheur extrême !

EUPHORBE.

L'issue en est aisée : agissez pour vous-même ;
D'un dessein qui vous perd rompez le coup fatal ;
Gagnez une maîtresse, accusant un rival.
Auguste, à qui par-là vous sauverez la vie,
Ne vous pourra jamais refuser Emilie.

MAXIME.

Quoi ! trahir mon ami !

EUPHORBE.

　　　　　　　　L'amour rend tout permis :
Un véritable amant ne connoît point d'amis,
Et même avec justice on peut trahir un traître
Qui pour une maîtresse ose trahir son maître.
Oubliez l'amitié comme lui les bienfaits.

MAXIME.

C'est un exemple à fuir que celui des forfaits.

EUPHORBE.

Contre un si noir dessein tout devient légitime :
On n'est point criminel quand on punit un crime.

MAXIME.

Un crime par qui Rome obtient sa liberté !

EUPHORBE.

Craignez tout d'un esprit si plein de lâcheté.
L'intérêt du pays n'est point ce qui l'engage ;
Le sien, et non la gloire, anime son courage :
Il aimeroit César s'il n'étoit amoureux,
Et n'est enfin qu'ingrat, et non pas généreux.
Pensez-vous avoir lu jusqu'au fond de son ame ?
Sous la cause publique il vous cachoit sa flamme,
Et peut cacher encor sous cette passion
Les détestables feux de son ambition.
Peut-être qu'il prétend, après la mort d'Octave,

Au lieu d'affranchir Rome en faire son esclave,
Qu'il vous compte déjà pour un de ses sujets,
Ou que sur votre perte il fonde ses projets.

MAXIME.

Mais comment l'accuser sans nommer tout le reste?
A tous nos conjurés l'avis seroit funeste,
Et par là nous verrions indignement trahis,
Ceux qu'engage avec nous le seul bien du pays.
D'un si lâche dessein mon ame est incapable ;
Il perd trop d'innocens pour punir un coupable ;
J'ose tout contre lui, mais je crains tout pour eux.

EUPHORBE.

Auguste s'est lassé d'être si rigoureux.
En ces occasions, ennuyé de supplices,
Ayant puni les chefs, il pardonne aux complices.
Si toutefois pour eux vous craignez son courroux,
Quand vous lui parlerez parlez au nom de tous.

MAXIME

Nous disputons en vain ; et ce n'est que folie,
De vouloir par sa perte acquérir Emilie :
Ce n'est pas le moyen de plaire à ses beaux yeux
Que de priver du jour ce qu'elle aime le mieux.
Pour moi, j'estime peu qu'Auguste me la donne ;
Je veux gagner son cœur plutôt que sa personne,
Et ne fais point d'état de sa possession
Si je n'ai point de part à son affection.
Puis-je la mériter par une triple offense ?
Je trahis son amant, je détruis sa vengeance,
Je conserve le sang qu'elle veut voir périr,
Et j'aurois quelque espoir qu'elle me pût chérir !

EUPHORBE.

C'est ce qu'à dire vrai je vois fort difficile :
L'artifice pourtant vous y peut être utile ;
Il en faut trouver un qui la puisse abuser,

Et du reste le temps en pourra disposer.

MAXIME.

Mais si pour s'excuser il nomme sa complice,
S'il arrive qu'Auguste avec lui la punisse,
Puis-je lui demander pour prix de mon rapport
Celle qui nous oblige à conspirer sa mort?

EUPHORBE.

Vous pourriez m'opposer tant et de tels obstacles
Que pour les surmonter il faudroit des miracles.
J'espère toutefois qu'à force d'y rêver...

MAXIME.

Eloigne-toi, dans peu j'irai te retrouver :
Cinna vient, et je veux en tirer quelque chose
Pour mieux résoudre après ce que je me propose.

SCÈNE II.

CINNA, MAXIME.

MAXIME.

Vous me semblez pensif.

CINNA.

Ce n'est pas sans sujet.

MAXIME.

Puis-je d'un tel chagrin savoir quel est l'objet?

CINNA.

Emilie et César. L'un et l'autre me gêne;
L'un me semble trop bon, l'autre trop inhumaine.
Plût aux dieux que César employât mieux ses soins,
Et s'en fît plus aimer, ou m'aimât un peu moins!
Que sa bonté touchât la beauté qui me charme,
Et la pût adoucir comme elle me désarme.
Je sens au fond du cœur mille remords cuisans,
Qui rendent à mes yeux tous ses bienfaits présens.
Cette faveur si pleine et si mal reconnue

Par un mortel reproche à tous momens me tue :
Il me semble surtout incessamment le voir
Déposer en nos mains son absolu pouvoir,
Ecouter mon avis, m'applaudir et me dire :
« Cinna, par vos conseils je retiendrai l'empire ;
Mais je le retiendrai pour vous en faire part. »
Et je puis dans son sein enfoncer un poignard !
Ah ! plutôt.... Mais, hélas ! j'idolâtre Emilie ;
Un serment exécrable à sa haine me lie :
L'horreur qu'elle a de lui me le rend odieux..
Des deux côtés j'offense et ma gloire et les dieux ;
Je deviens sacrilége, ou je suis parricide,
Et vers l'un ou vers l'autre il faut être perfide.

MAXIME.

Vous n'aviez point tantôt ces agitations :
Vous paroissiez plus ferme en vos intentions,
Vous ne sentiez au cœur ni remords ni reproche.

CINNA.

On ne les sent aussi que quand le coup approche,
Et l'on ne reconnoît de semblables forfaits
Que quand la main s'apprête à venir aux effets.
L'ame, de son dessein jusque là possédée,
S'attache aveuglément à sa première idée ;
Mais alors quel esprit n'en devient point troublé ?
Ou plutôt quel esprit n'en est point accablé ?
Je crois que Brute même, à tel point qu'on le prise,
Voulut plus d'une fois rompre son entreprise,
Qu'avant que de frapper elle lui fit sentir
Plus d'un remords en l'ame et plus d'un repentir.

MAXIME.

Il eut trop de vertu pour tant d'inquiétude ;
— Il ne soupçonna point sa main d'ingratitude,
Et fut contre un tyran d'autant plus animé
Qu'il en reçut de biens et qu'il s'en vit aimé.

15.

Comme vous l'imitez, faites la même chose,
Et formez vos remords d'une plus juste cause,
De vos lâches conseils, qui seuls ont arrêté
Le bonheur renaissant de notre liberté.
C'est vous seul aujourd'hui qui nous l'avez ôtée;
De la main de César Brute l'eût acceptée,
Et n'eût jamais souffert qu'un intérêt léger
De vengeance ou d'amour l'eût remise en danger,
N'écoutez plus la voix d'un tyran qui vous aime,
Et vous veut faire part de son pouvoir suprême;
Mais entendez crier Rome à votre côté :
« Rends-moi, rends-moi, Cinna, ce que tu m'as ôté ;
Et si tu m'as tantôt préféré ta maîtresse,
Ne me préfère pas le tyran qui m'oppresse. »

CINNA.

Ami, n'accable plus un esprit malheureux
Qui ne forme qu'en lâche un dessein généreux.
Envers nos citoyens je sais quelle est ma faute,
Et leur rendrai bientôt tout ce que je leur ôte :
Mais pardonne aux abois d'une vieille amitié
Qui ne peut expirer sans me faire pitié;
Et laisse-moi, de grâce, attendant Emilie,
Donner un libre cours à ma mélancolie.
Mon chagrin t'importune, et le trouble où je suis
Veut de la solitude à calmer tant d'ennuis.

MAXIME.

Vous voulez rendre compte à l'objet qui vous blesse
De la bonté d'Octave et de votre foiblesse :
L'entretien des amans veut un entier secret.
Adieu, je me retire en confident discret.

SCÈNE III.

CINNA.

Donne un plus digne nom au glorieux empire
Du noble sentiment que la vertu m'inspire,
Et que l'honneur oppose au coup précipité
De mon ingratitude et de ma lâcheté :
Mais plutôt continue à le nommer foiblesse,
Puisqu'il devient si foible auprès d'une maîtresse ;
Qu'il respecte un amour qu'il devroit étouffer,
Ou que, s'il le combat, il n'ose en triompher.
En ces extrémités quel conseil dois-je prendre ?
De quel côté pencher ? à quel parti me rendre ?
Qu'une ame généreuse a de peine à faillir !
Quelque fruit que par là j'espère de cueillir,
Les douceurs de l'amour, celles de la vengeance,
La gloire d'affranchir le lieu de ma naissance
N'ont point assez d'appas pour flatter ma raison
S'il les faut acquérir par une trahison ;
S'il faut percer le flanc d'un prince magnanime
Qui du peu que je suis fait une telle estime,
Qui me comble d'honneurs, qui m'accable de biens,
Qui ne prend pour régner de conseils que les miens.
O coup, ô trahison trop indigne d'un homme !
Dure, dure à jamais, l'esclavage de Rome !
Périsse mon amour, périsse mon espoir
Plutôt que de ma main parte un crime si noir !
Quoi ! ne m'offre-t-il pas tout ce que je souhaite
Et qu'au prix de son sang ma passion achète ?
Pour jouir de ses dons faut-il l'assassiner ?
Et faut-il lui ravir ce qu'il me veut donner ?
Mais je dépends de vous, ô serment téméraire !
O haine d'Emilie ! ô souvenir d'un père !

Ma foi, mon cœur, mon bras, tout vous est engagé,
Et je ne puis plus rien que par votre congé.
C'est à vous à régler ce qu'il faut que je fasse;
C'est à vous, Emilie, à lui donner sa grâce :
Vos seules volontés président à son sort,
Et tiennent en mes mains et sa vie et sa mort.
O dieux ! qui comme vous la rendez adorable,
Rendez-la comme vous à mes vœux exorable;
Et, puisque de ses lois je ne puis m'affranchir,
Faites qu'à mes désirs je la puisse fléchir.
Mais voici de retour cette aimable inhumaine.

SCÈNE IV.

ÉMILIE, CINNA, FULVIE.

ÉMILIE.

Grâces aux dieux, Cinna, ma frayeur étoit vaine;
Aucun de tes amis ne t'a manqué de foi,
Et je n'ai point eu lieu de m'employer pour toi.
Octave en ma présence a tout dit à Livie,
Et par cette nouvelle il m'a rendu la vie.

CINNA.

Le désavouerez-vous ? et du don qu'il me fait
Voudrez-vous retarder le bienheureux effet ?

ÉMILIE.

L'effet est en ta main.

CINNA.

Mais plutôt en la vôtre.

ÉMILIE.

Je suis toujours moi-même, et mon cœur n'est point autre
Me donner à Cinna c'est ne lui donner rien ;
C'est seulement lui faire un présent de son bien.

CINNA.

Vous pouvez toutefois.... O ciel ! l'osé-je dire !

ÉMILIE.

Que puis-je? et que crains-tu?

CINNA.

Je tremble, je soupire,
Et vois que si nos cœurs avoient mêmes désirs,
Je n'aurois pas besoin d'expliquer mes soupirs;
Ainsi je suis trop sûr que je vais vous déplaire:
Mais je n'ose parler, et je ne puis me taire.

ÉMILIE.

C'est trop me gêner, parle.

CINNA.

Il faut vous obéir:
Je vais donc vous déplaire, et vous m'allez haïr.
Je vous aime, Emilie, et le ciel me foudroie
Si cette passion ne fait toute ma joie,
Et si je ne vous aime avec toute l'ardeur
Que peut un digne objet attendre d'un grand cœur.
Mais voyez à quel prix vous me donnez votre ame;
En me rendant heureux vous me rendez infâme:
Cette bonté d'Auguste....

ÉMILIE.

Il suffit, je t'entends;
Je vois ton repentir et tes vœux inconstans.
Les faveurs du tyran emportent les promesses;
Tes feux et les sermens cèdent à ses caresses,
Et ton esprit crédule ose s'imaginer
Qu'Auguste pouvant tout peut aussi me donner.
Tu me veux de sa main plutôt que de la mienne;
Mais ne crois pas qu'ainsi jamais je t'appartienne.
Il peut faire trembler la terre sous ses pas,
Mettre un roi hors du trône et donner ses états,
De ses proscriptions rougir la terre et l'onde,
Et changer à son gré l'ordre de tout le monde;
Mais le cœur d'Emilie est hors de son pouvoir.

CINNA.

Aussi n'est-ce qu'à vous que je veux le devoir.
Je suis toujours moi-même, et ma foi toujours pure;
La pitié que je sens ne me rend point parjure,
J'obéis sans réserve à tous vos sentimens,
Et prends vos intérêts par-delà mes sermens.
J'ai pu, vous le savez, sans parjure et sans crime
Vous laisser échapper cette illustre victime:
César se dépouillant du pouvoir souverain
Nous ôtoit tout prétexte à lui percer le sein;
La conjuration s'en alloit dissipée,
Vos desseins avortés, votre haine trompée:
Moi seul j'ai raffermi son esprit étonné,
Et pour vous l'immoler ma main l'a couronné.

ÉMILIE.

Pour me l'immoler, traître! Et tu veux que moi-même
Je retienne ta main, qu'il vive, et que je l'aime;
Que je sois le butin de qui l'ose épargner
Et le prix du conseil qui le force à régner!

CINNA.

Ne me condamnez point quand je vous ai servie:
Sans moi vous n'auriez plus de pouvoir sur sa vie;
Et, malgré ses bienfaits, je rends tout à l'amour
Quand je veux qu'il périsse où vous doive le jour.
Avec les premiers vœux de mon obéissance,
Souffrez ce foible effort de ma reconnoissance,
Que je tâche de vaincre un indigne courroux,
Et vous donner pour lui l'amour qu'il a pour vous.
Une ame généreuse et que la vertu guide
Fuit la honte des noms d'ingrate et de perfide;
Elle en hait l'infamie attachée au bonheur,
Et n'accepte aucun bien aux dépens de l'honneur.

ÉMILIE.

Je fais gloire pour moi de cette ignominie:

La perfidie est noble envers la tyrannie,
Et quand on rompt le cours d'un sort si malheureux
Les cœurs les plus ingrats sont les plus généreux.

CINNA.

Vous faites des vertus au gré de votre haine.

ÉMILIE.

Je me fais des vertus dignes d'une Romaine.

CINNA.

Un cœur vraiment romain......

ÉMILIE.

Ose tout pour ravir
Une odieuse vie à qui le fait servir;
Il fuit plus que la mort la honte d'être esclave.

CINNA.

C'est l'être avec honneur que de l'être d'Octave,
Et nous voyons souvent des rois à nos genoux
Implorer la faveur d'esclaves tels que nous.
Il abaisse à nos pieds l'orgueil des diadèmes;
Il nous fait souverains sur leurs grandeurs suprêmes;
Il prend d'eux les tributs dont il nous enrichit,
Et leur impose un joug dont il nous affranchit.

ÉMILIE.

L'indigne ambition que ton cœur se propose!
Pour être plus qu'un roi tu te crois quelque chose?
Aux deux bouts de la terre en est-il un si vain
Qu'il prétende égaler un citoyen romain?
Antoine sur sa tête attira notre haine
En se déshonorant par l'amour d'une reine;
Attale, ce grand roi dans la pourpre blanchi,
Qui du peuple romain se nommoit l'affranchi,
Quand de toute l'Asie il se fût vu l'arbitre,
Eût encor moins prisé son trône que ce titre.
Souviens-toi de ton nom, soutiens sa dignité;
Et, prenant d'un Romain la générosité,

Sache qu'il n'en est point que le ciel n'ait fait naître
Pour commander aux rois et pour vivre sans maître.

CINNA.

Le ciel a trop fait voir en de tels attentats
Qu'il hait les assassins et punit les ingrats;
Et quoi qu'on entreprenne, et quoi qu'on exécute,
Quand il élève un trône il en venge la chute :
Il se met du parti de ceux qu'il fait régner;
Le coup dont on les tue est long-temps à saigner,
Et quand à les punir il a pu se résoudre
De pareils châtimens n'appartiennent qu'au foudre.

ÉMILIE.

Dis que de leur parti toi-même tu te rends,
De te remettre au foudre à punir les tyrans.
Je ne t'en parle plus : va, sers la tyrannie,
Abandonne ton ame à son lâche génie,
Et pour rendre le calme à ton esprit flottant
Oublie et ta naissance et le prix qui t'attend.
Sans emprunter ta main pour servir ma colére,
Je saurai bien venger mon pays et mon pére.
J'aurois déjà l'honneur d'un si fameux trépas
Si l'amour jusqu'ici n'eût arrêté mon bras :
C'est lui qui sous tes lois me tenant asservie
M'a fait en ta faveur prendre soin de ta vie;
Seule contre un tyran, en le faisant périr,
Par les mains de sa garde il me falloit mourir;
Je t'eusse par ma mort dérobé ta captive;
Et comme pour toi seul l'amour veut que je vive,
J'ai voulu, mais en vain, me conserver pour toi,
Et te donner moyen d'être digne de moi.
Pardonnez-moi, grands dieux, si je me suis trompée
Quand j'ai pensé chérir un neveu de Pompée,
Et si d'un faux semblant mon esprit abusé
A fait choix d'un esclave en son lieu supposé !

Je t'aime toutefois, quel que tu puisses être ;
Et si pour me gagner il faut trahir ton maître,
Mille autres à l'envi recevroient cette loi
S'ils pouvoient m'acquérir à même prix que toi.
Mais n'appréhende pas qu'un autre ainsi m'obtienne ;
Vis pour ton cher tyran, tandis que je meurs tienne :
Mes jours avec les siens se vont précipiter,
Puisque ta lâcheté n'ose me mériter.
Viens me voir, dans son sang et dans le mien baignée,
De ma seule vertu mourir accompagnée,
Et te dire en mourant d'un esprit satisfait :
« N'accuse point mon sort, c'est toi seul qui l'as fait ;
Je descends dans la tombe, où tu m'as condamnée,
Où la gloire me suit qui t'étoit destinée ;
Je meurs en détruisant un pouvoir absolu ;
Mais je vivrois à toi si tu l'avois voulu. »

CINNA.

Eh bien ! vous le voulez, il faut vous satisfaire,
Il faut affranchir Rome, il faut venger un père,
Il faut sur un tyran porter de justes coups :
Mais apprenez qu'Auguste est moins tyran que vous ;
S'il nous ôte à son gré nos biens, nos jours, nos femmes,
Il n'a point jusqu'ici tyrannisé nos âmes ;
Mais l'empire inhumain qu'exercent vos beautés
Force jusqu'aux esprits et jusqu'aux volontés.
Vous me faites priser ce qui me déshonore,
Vous me faites haïr ce que mon âme adore,
Vous me faites répandre un sang pour qui je dois
Exposer tout le mien et mille et mille fois :
Vous le voulez, j'y cours ; ma parole est donnée ;
Mais ma main aussitôt contre mon sein tournée,
Aux mânes d'un tel prince immolant votre amant,
A mon crime forcé joindra mon châtiment,
Et par cette action dans l'autre confondue

Recouvrera ma gloire aussitôt que perdue.
Adieu.

SCÈNE V.

ÉMILIE, FULVIE.

FULVIE.

Vous avez mis son ame au désespoir.

ÉMILIE.

Qu'il cesse de m'aimer, ou suive son devoir.

FULVIE.

Il va vous obéir aux dépens de sa vie.
Vous en pleurez !

ÉMILIE.

Hélas ! cours après lui, Fulvie,
Et si ton amitié daigne me secourir
Arrache-lui du cœur ce dessein de mourir.
Dis-lui...

FULVIE

Qu'en sa faveur vous laissez vivre Auguste?

ÉMILIE.

Ah! c'est faire à ma haine une loi trop injuste.

FULVIE.

Et quoi donc ?

ÉMILIE.

Qu'il achève, et dégage sa foi,
Et qu'il choisisse après de la mort ou de moi.

ACTE QUATRIÈME.

SCÈNE I.

AUGUSTE, EUPHORBE, POLYCLÈTE,

GARDES.

AUGUSTE.

Tout ce que tu me dis, Euphorbe, est incroyable.

EUPHORBE.

Seigneur, le récit même en paroît effroyable ;
On ne conçoit qu'à peine une telle fureur,
Et la seule pensée en fait frémir d'horreur.

AUGUSTE.

Quoi, mes plus chers amis ! quoi, Cinna ! quoi, Maxime !
Les deux que j'honorois d'une si haute estime,
A qui j'ouvrois mon cœur, et dont j'avois fait choix
Pour les plus importans et plus nobles emplois !
Après qu'entre leurs mains j'ai remis mon empire,
Pour m'arracher le jour l'un et l'autre conspire !
Maxime a vu sa faute, il m'en fait avertir,
Et montre un cœur touché d'un juste repentir :
Mais Cinna !

EUPHORBE.

Cinna seul dans sa rage s'obstine,
Et contre vos bontés d'autant plus se mutine :
Lui seul combat encor les vertueux efforts
Que sur les conjurés fait ce juste remords,
Et malgré les frayeurs à leurs regrets mêlées
Il tâche à raffermir leurs ames ébranlées.

AUGUSTE.

Lui seul les encourage, et lui seul les séduit !
O le plus déloyal que la terre ait produit !
O trahison conçue au sein d'une furie !
O trop sensible coup d'une main si chérie !
Cinna, tu me trahis... Polyclète, écoutez.

(Il lui parle bas à l'oreille.)

POLYCLÈTE.

Tous vos ordres, seigneur, seront exécutés.

AUGUSTE.

Qu'Eraste en même temps aille dire à Maxime
Qu'il vienne recevoir le pardon de son crime.

SCÈNE II.

AUGUSTE, EUPHORBE.

EUPHORBE.

Il l'a jugé trop grand pour ne pas s'en punir :
A peine du palais il a pu revenir
Que, les yeux égarés et le regard farouche,
Le cœur gros de soupirs, les sanglots à la bouche,
Il déteste sa vie et ce complot maudit,
M'en apprend l'ordre entier tel que je vous l'ai dit,
Et m'ayant commandé que je vous avertisse,
Il ajoute : « Dis-lui que je me fais justice,
Que je n'ignore point ce j'ai mérité. »
Puis soudain dans le Tibre il s'est précipité,
Dont l'eau grosse et rapide et la nuit assez noire
M'ont dérobé la fin de sa tragique histoire.

AUGUSTE.

Sous ce pressant remords il a trop succombé,
Et s'est à mes bontés lui-même dérobé ;
Il n'est crime envers moi qu'un repentir n'efface :
Mais puisqu'il a voulu renoncer à ma grâce

Allez pourvoir au reste, et faites qu'on ait soin
De tenir en lieu sûr ce fidèle témoin.

SCÈNE III.

AUGUSTE.

Ciel ! à qui voulez-vous désormais que je fie
Les secrets de mon ame et le soin de ma vie ?
Reprenez le pouvoir que vous m'avez commis
Si donnant des sujets il ôte les amis,
Si tel est le destin des grandeurs souveraines
Que leurs plus grands bienfaits n'attirent que des hain
Et si votre rigueur les condamne à chérir
Ceux que vous animez à les faire périr.
Pour elles rien n'est sûr, qui peut tout doit tout craindre.
Rentre en toi-même, Octave, et cesse de te plaindre :
Quoi ! tu veux qu'on t'épargne, et n'as rien épargné !
Songe aux fleuves de sang où ton bras s'est baigné,
De combien ont rougi les champs de Macédoine,
Combien en a versé la défaite d'Antoine,
Combien celle de Sexte, et revois tout d'un temps
Pérouse au sien noyée et tous ses habitans.
Remets dans ton esprit, après tant de carnages,
De les proscriptions les sanglantes images,
Où toi-même, des tiens devenu le bourreau,
Au sein de ton tuteur enfonças le couteau ;
Et puis ose accuser le destin d'injustice
Quand tu vois que les tiens s'arment pour ton supplice,
Et que par ton exemple à ta perte guidés
Ils violent des droits que tu n'as pas gardés !
Leur trahison est juste, et le ciel l'autorise :
Quitte ta dignité comme tu l'as acquise,
Rends un sang infidèle à l'infidélité,
Et souffre des ingrats après l'avoir été.

Mais que mon jugement au besoin m'abandonne!
Quelle fureur, Cinna, m'accuse et te pardonne,
Toi dont la trahison me force à retenir
Ce pouvoir souverain dont tu me veux punir,
Me traite en criminel, et fait seule mon crime,
Relève pour l'abattre un trône illégitime,
Et, d'un zèle effronté couvrant son attentat,
S'oppose pour me perdre au bonheur de l'état?
Donc jusqu'à l'oublier je pourrois me contraindre!
Tu vivrois en repos après m'avoir fait craindre!
Non, non, je me trahis moi-même d'y penser:
Qui pardonne aisément invite à l'offenser;
Punissons l'assassin, proscrivons les complices.
Mais quoi! toujours du sang et toujours des supplices!
Ma cruauté se lasse, et ne peut s'arrêter;
Je veux me faire craindre, et ne fais qu'irriter.
Rome a pour ma ruine une hydre trop fertile;
Une tête coupée en fait renaître mille,
Et le sang répandu de mille conjurés
Rend mes jours plus maudits et non plus assurés.
Octave, n'attends plus le coup d'un nouveau Brute;
Meurs, et dérobe-lui la gloire de ta chute;
Meurs, tu ferois pour vivre un lâche et vain effort
Si tant de gens de cœur font des vœux pour ta mort
Et si tout ce que Rome a d'illustre jeunesse
Pour te faire périr tour à tour s'intéresse;
Meurs puisque c'est un mal que tu ne peux guérir;
Meurs enfin puisqu'il faut ou tout perdre ou mourir.
La vie est peu de chose, et le peu qui t'en reste
Ne vaut pas l'acheter par un prix si funeste:
Meurs, mais quitte du moins la vie avec éclat.
Eteins-en le flambeau dans le sang de l'ingrat;
A toi-même en mourant immole ce perfide;
Contentant ses désirs, punis son parricide;
Fais un tourment pour lui de ton propre trépas

En faisant qu'il le voie et n'en jouisse pas.
Mais jouissons plutôt nous-même de sa peine,
Et si Rome nous hait, triomphons de sa haine,
O Romains ! ô vengeance ! ô pouvoir absolu !
O rigoureux combat d'un cœur irrésolu,
Qui fuit en même temps tout ce qu'il se propose !
D'un prince malheureux ordonnez quelque chose !
Qui des deux dois-je suivre, et duquel m'éloigner ?
Ou laissez-moi périr, ou laissez-moi régner.

SCÈNE IV.

AUGUSTE, LIVIE.

AUGUSTE.

Madame, on me trahit, et la main qui me tue
Rend sous mes déplaisirs ma constance abattue.
Cinna, Cinna, le traître...

LIVIE.
                    Euphorbe m'a tout dit,
Seigneur, et j'ai pâli cent fois à ce récit.
Mais écouteriez-vous les conseils d'une femme ?

AUGUSTE.
Hélas ! de quel conseil est capable mon ame !

LIVIE.
Votre sévérité, sans produire aucun fruit,
Seigneur, jusqu'à présent a fait beaucoup de bruit.
Par les peines d'un autre aucun ne s'intimide :
Salvidien à bas a soulevé Lépide ;
Murène a succédé, Cépion l'a suivi ;
Le jour à tous les deux dans les tourmens ravi
N'a point mêlé de crainte à la fureur d'Egnace,
Dont Cinna maintenant ose prendre la place ;
Et dans les plus bas rangs les noms les plus abjects
Ont voulu s'ennoblir par de si hauts projets.

Aprés avoir en vain puni leur insolence,
Essayez sur Cinna ce que peut la clémence;
Faites son châtiment de sa confusion;
Cherchez le plus utile en cette occasion.
Sa peine peut aigrir une ville animée;
Son pardon peut servir à votre renommée,
Et ceux que vos rigueurs ne font qu'effaroucher
Peut-être à vos bontés se laisseront toucher.

AUGUSTE.

Gagnons-les tout à fait en quittant cet empire
Qui nous rend odieux, contre qui l'on conspire;
J'ai trop par vos avis consulté là-dessus,
Ne m'en parlez jamais, je ne consulte plus.
Cesse de soupirer, Rome, pour ta franchise;
Si je t'ai mise aux fers, moi-même je les brise,
Et te rends ton état, après l'avoir conquis,
Plus paisible et plus grand que je ne te l'ai pris.
Si tu me veux haïr, hais-moi sans plus rien feindre;
Si tu me veux aimer, aime-moi sans me craindre:
De tout ce qu'eut Sylla de puissance et d'honneur,
Lassé comme il en fut, j'aspire à son bonheur.

LIVIE.

Assez et trop long-temps son exemple vous flatte;
Mais gardez que sur vous le contraire n'éclate.
Ce bonheur sans pareil qui conserva ses jours
Ne seroit pas bonheur s'il arrivoit toujours.

AUGUSTE.

Eh bien! s'il est trop grand, si j'ai tort d'y prétendre,
J'abandonne mon sang à qui voudra l'épandre.
Après un long orage il faut trouver un port;
Et je n'en vois que deux, le repos ou la mort.

LIVIE.

Quoi! vous voulez quitter le fruit de tant de peines?

AUGUSTE.

Quoi! vous voulez garder l'objet de tant de haines?

LIVIE.

Seigneur, vous emporter à cette extrémité
C'est plutôt désespoir que générosité.

AUGUSTE.

Régner et caresser une main si traîtresse,
Au lieu de sa vertu, c'est montrer sa foiblesse.

LIVIE.

C'est régner sur vous-même, et par un noble choi
Pratiquer la vertu la plus digne des rois.

AUGUSTE.

Vous m'aviez bien promis des conseils d'une femm
Vous me tenez parole, et c'en sont là, madame.
Après tant d'ennemis à mes pieds abattus
Depuis vingt ans je règne, et j'en sais les vertus;
Je sais leur divers ordre, et de quelle nature
Sont les devoirs d'un prince en cette conjoncture.
Tout son peuple est blessé par un tel attentat,
Et la seule pensée est un crime d'état,
Une offense qu'on fait à toute sa province,
Dont il faut qu'il la venge ou cesse d'être prince.

LIVIE.

Donnez moins de croyance à votre passion.

AUGUSTE.

Ayez moins de foiblesse ou moins d'ambition.

LIVIE.

Ne traitez pas si mal un conseil salutaire.

AUGUSTE.

Le ciel m'inspirera ce qu'ici je dois faire :
Adieu, nous perdons temps.

LIVIE.

                          Je ne vous quitte po
Seigneur, que mon amour n'ait obtenu ce point.

I.   14

AUGUSTE.

C'est l'amour des grandeurs qui vous rend importune.

LIVIE.

J'aime votre personne, et non votre fortune.

(seule.)

Il m'échappe, suivons, et forçons-le de voir
Qu'il peut en faisant grâce affermir son pouvoir,
Et qu'enfin la clémence est la plus belle marque
Qui fasse à l'univers connoître un vrai monarque.

SCÈNE V.

ÉMILIE, FULVIE.

ÉMILIE.

D'où me vient cette joie ? et que mal à propos
Mon esprit malgré moi goûte un entier repos!
César mande Cinna sans me donner d'alarmes!
Mon cœur est sans soupirs, mes yeux n'ont point de larmes
Comme si j'apprenois d'un secret mouvement
Que tout doit succéder à mon contentement!
Ai-je bien entendu ? me l'as-tu dit, Fulvie ?

FULVIE.

J'avois gagné sur lui qu'il aimeroit la vie,
Et je vous l'amenois plus traitable et plus doux
Faire un second effort contre votre courroux;
Je m'en applaudissois quand soudain Polyclète,
Des volontés d'Auguste ordinaire interprète,
Est venu l'aborder et sans suite et sans bruit,
Et de sa part sur l'heure au palais l'a conduit.
Auguste est fort troublé, l'on ignore la cause :
Chacun diversement soupçonne quelque chose;
Tous présument qu'il ait un grand sujet d'ennui,
Et qu'il mande Cinna pour prendre avis de lui.
Mais ce qui m'embarrasse et que je viens d'apprendre

C'est que deux inconnus se sont saisis d'Evandre,
Qu'Euphorbe est arrêté sans qu'on sache pourquoi,
Que même de son maître on dit je ne sais quoi ;
On lui veut imputer un désespoir funeste ;
On parle d'eaux, de Tibre, et l'on se tait du reste.

ÉMILIE.

Que de sujets de craindre et de désespérer
Sans que mon triste cœur en daigne murmurer !
A chaque occasion le ciel y fait descendre
Un sentiment contraire à celui qu'il doit prendre.
Une vaine frayeur tantôt m'a pu troubler,
Et je suis insensible alors qu'il faut trembler.
Je vous entends, grands dieux ! vos bontés que j'adore
Ne peuvent consentir que je me déshonore,
Et, ne me permettant soupirs, sanglots ni pleurs,
Soutiennent ma vertu contre de tels malheurs.
Vous voulez que je meure avec ce grand courage
Qui m'a fait entreprendre un si fameux ouvrage ;
Et je veux bien périr comme vous l'ordonnez,
Et dans la même assiette où vous me retenez.
O liberté de Rome ! ô mânes de mon père !
J'ai fait de mon côté tout ce que j'ai pu faire ;
Contre votre tyran j'ai ligué ses amis,
Et plus osé pour vous qu'il ne m'étoit permis.
Si l'effet a manqué, ma gloire n'est pas moindre :
N'ayant pu vous venger, je vous irai rejoindre,
Mais si fumante encor d'un généreux courroux,
Par un trépas si noble et si digne de vous,
Qu'il vous fera sur l'heure aisément reconnoître
Le sang des grands héros dont vous m'avez fait naître.

SCÈNE VI.

MAXIME, ÉMILIE, FULVIE.

ÉMILIE.

Mais je vous vois, Maxime, et l'on vous faisoit mort !

MAXIME.

Euphorbe trompe Auguste avec ce faux rapport :
Se voyant arrêté, la trame découverte,
Il a feint ce trépas pour empêcher ma perte.

ÉMILIE.

Que dit-on de Cinna ?

MAXIME.

Que son plus grand regret
C'est de voir que César sait tout votre secret.
En vain il le dénie et le veut méconnoître,
Evandre a tout conté pour excuser son maître ;
Et par l'ordre d'Auguste on vient vous arrêter.

ÉMILIE.

Celui qui l'a reçu tarde à l'exécuter ;
Je suis prête à le suivre, et lasse de l'attendre.

MAXIME.

Il vous attend chez moi.

ÉMILIE.

Chez vous !

MAXIME.

C'est vous surprendre ;
Mais apprenez le soin que le ciel a de vous :
C'est un des conjurés qui va fuir avec nous.
Prenons notre avantage avant qu'on nous poursuive ;
Nous avons pour partir un vaisseau sur la rive.

ÉMILIE.

Me connois-tu, Maxime, et sais-tu qui je suis ?

MAXIME.

En faveur de Cinna je fais ce que je puis,
Et tâche à garantir de ce malheur extrême
La plus belle moitié qui reste de lui-même.
Sauvons-nous, Emilie ; et conservons le jour
Afin de le venger par un heureux retour.

ÉMILIE.

Cinna dans son malheur est de ceux qu'il faut suivre,
Qu'il ne faut pas venger de peur de leur survivre.
Quiconque après sa perte aspire à se sauver
Est indigne du jour qu'il tâche à conserver.

MAXIME.

Quel désespoir aveugle à ces fureurs vous porte !
O dieux ! que de foiblesse en une ame si forte !
Ce cœur si généreux rend si peu de combat,
Et du premier revers la fortune l'abat !
Rappelez, rappelez cette vertu sublime ;
Ouvrez enfin les yeux, et connoissez Maxime :
C'est un autre Cinna qu'en lui vous regardez,
Le ciel vous rend en lui l'amant que vous perdez ;
Et, puisque l'amitié n'en faisoit plus qu'une ame,
Aimez en cet ami l'objet de votre flamme :
Avec la même ardeur il saura vous chérir,
Que...

ÉMILIE.

Tu m'oses aimer, et tu n'oses mourir !
Tu prétends un peu trop ; mais, quoi que tu prétendes,
Rends-toi digne du moins de ce que tu demandes ;
Cesse de fuir en lâche un glorieux trépas,
Ou de m'offrir un cœur que tu fais voir si bas ;
Fais que je porte envie à ta vertu parfaite ;
Ne te pouvant aimer, fais que je te regrette ;
Montre d'un vrai Romain la dernière vigueur,
Et mérite mes pleurs au défaut de mon cœur.

Quoi! si ton amitié pour Cinna s'intéresse,
Crois-tu qu'elle consiste à flatter sa maîtresse?
Apprends, apprends de moi quel en est le devoir;
Et donne-m'en l'exemple, ou viens le recevoir.

MAXIME.

Votre juste douleur est trop impétueuse.

ÉMILIE.

La tienne en ta faveur est trop ingénieuse.
Tu me parles déjà d'un bienheureux retour,
Et dans tes déplaisirs tu conçois de l'amour!

MAXIME.

Cet amour en naissant est toutefois extrême.
C'est votre amant en vous, c'est mon ami que j'aime,
Et des mêmes ardeurs dont il fut embrasé...

ÉMILIE.

Maxime, en voilà trop pour un homme avisé.
Ma perte m'a surprise et ne m'a point troublée;
Mon noble désespoir ne m'a point aveuglée;
Ma vertu tout entière agit sans s'émouvoir,
Et je vois malgré moi plus que je ne veux voir.

MAXIME.

Quoi! vous suis-je suspect de quelque perfidie?

ÉMILIE.

Oui, tu l'es, puisque enfin il faut que je le die.
L'ordre de notre fuite est trop bien concerté
Pour ne te soupçonner d'aucune lâcheté:
Les dieux seroient pour nous prodigues en miracles
S'ils en avoient sans toi levé tous les obstacles.
Fuis sans moi, tes amours sont ici superflus.

MAXIME.

Ah! vous m'en dites trop.

ÉMILIE.

                              J'en présume encor plus.
Ne crains pas toutefois que j'éclate en injures,

Mais n'espère non plus m'éblouir de parjures.
Si c'est te faire tort que de m'en défier,
Viens mourir avec moi pour te justifier.

MAXIME.

Vivez, belle Émilie, et souffrez qu'un esclave...

ÉMILIE.

Je ne t'écoute plus qu'en présence d'Octave.
Allons, Fulvie, allons.

SCÈNE VII.

MAXIME.*

Désespéré, confus,
Et digne, s'il se peut, d'un plus cruel refus,
Que résous-tu, Maxime, et quel est le supplice
Que ta vertu prépare à ton vain artifice?
Aucune illusion ne te doit plus flatter;
Émilie en mourant va tout faire éclater.
Sur un même échafaud la perte de sa vie
Étalera sa gloire et ton ignominie,
Et sa mort va laisser à la postérité
L'infâme souvenir de ta déloyauté.
Un même jour t'a vu par une fausse adresse
Trahir ton souverain, ton ami, ta maîtresse
Sans que de tant de droits en un jour violés,
Sans que de deux amans au tyran immolés
Il te reste aucun fruit que la honte et la rage
Qu'un remords inutile allume en ton courage.
Euphorbe, c'est l'effet de tes lâches conseils!
Mais que peut-on attendre enfin de tes pareils?
Jamais un affranchi n'est qu'un esclave infâme,
Bien qu'il change d'état il ne change point d'ame;
La tienne encor servile avec la liberté
N'a pu prendre un rayon de générosité.

Tu m'as fait relever une injuste puissance,
Tu m'as fait démentir l'honneur de ma naissance :
Mon cœur te résistoit, et tu l'as combattu
Jusqu'à ce que ta fourbe ait souillé sa vertu :
Il m'en coûte la vie, il m'en coûte la gloire,
Et j'ai tout mérité pour t'avoir voulu croire.
Mais les dieux permettront à mes ressentimens
De te sacrifier aux yeux des deux amans ;
Et j'ose m'assurer qu'en dépit de mon crime
Mon sang leur servira d'assez pure victime
Si dans le tien mon bras justement irrité
Peut laver le forfait de t'avoir écouté.

ACTE CINQUIÈME.

SCÈNE I.

AUGUSTE, CINNA.

AUGUSTE.

Prends un siége, Cinna, prends; et sur toute chose
Observe exactement la loi que je t'impose;
Prête sans me troubler l'oreille à mes discours;
D'aucun mot, d'aucun cri n'en interromps le cours;
Tiens ta langue captive, et si ce grand silence
A ton émotion fait quelque violence
Tu pourras me répondre après tout à loisir:
Sur ce point seulement contente mon désir.

CINNA.

Je vous obéirai, seigneur.

AUGUSTE.

Qu'il te souvienne
De garder ta parole, et je tiendrai la mienne.
Tu vois le jour, Cinna; mais ceux dont tu le tiens
Furent les ennemis de mon père et les miens;
Au milieu de leur camp tu reçus la naissance,
Et lorsqu'après leur mort tu vins en ma puissance
Leur haine enracinée au milieu de ton sein
T'avoit mis contre moi les armes à la main.
Tu fus mon ennemi même avant que de naître,
Et tu le fus encor quand tu me pus connoître;
Et l'inclination jamais n'a démenti
Ce sang qui t'avoit fait du contraire parti.
Autant que tu l'as pu les effets l'ont suivie.
Je ne m'en suis vengé qu'en te donnant la vie:
Je te fis prisonnier pour te combler de biens,

Ma cour fut ta prison, mes faveurs tes liens.
Je te restituai d'abord ton patrimoine;
Je t'enrichis après des dépouilles d'Antoine;
Et tu sais que depuis à chaque occasion
Je suis tombé pour toi dans la profusion.
Toutes les dignités que tu m'as demandées
Je te les ai sur l'heure et sans peine accordées;
Je t'ai préféré même à ceux dont les parens
Ont jadis dans mon camp tenu les premiers rangs,
A ceux qui de leur sang m'ont acheté l'empire,
Et qui m'ont conservé le jour que je respire :
De la façon enfin qu'avec toi j'ai vécu,
Les vainqueurs sont jaloux du bonheur du vaincu.
Quand le ciel me voulut, en rappelant Mécène,
Après tant de faveurs montrer un peu de haine;
Je te donnai sa place en ce triste accident,
Et te fis après lui mon plus cher confident.
Aujourd'hui même encor, mon ame irrésolue
Me pressant de quitter ma puissance absolue,
De Maxime et de toi j'ai pris les seuls avis,
Et ce sont malgré lui les tiens que j'ai suivis.
Bien plus, ce même jour je te donne Emilie,
Le digne objet des vœux de toute l'Italie,
Et qu'ont mise si haut mon amour et mes soins
Qu'en te couronnant roi je t'aurois donné moins.
Tu t'en souviens, Cinna, tant d'heur et tant de gloire
Ne peuvent pas sitôt sortir de ta mémoire;
Mais ce qu'on ne pourroit jamais s'imaginer,
Cinna, tu t'en souviens, et veux m'assassiner.

CINNA.

Moi, seigneur! moi que j'eusse une ame si traîtresse!
Qu'un si lâche dessein...

AUGUSTE.

                    Tu tiens mal ta promesse;

Sieds-toi, je n'ai pas dit encor ce que je veux ;
Tu te justifieras après si tu le peux.
Ecoute cependant, et tiens mieux ta parole.
Tu veux m'assassiner demain au Capitole,
Pendant le sacrifice, et ta main pour signal
Me doit au lieu d'encens donner le coup fatal.
La moitié de tes gens doit occuper la porte,
L'autre moitié te suivre et te prêter main forte.
Ai-je de bons avis ou de mauvais soupçons ?
De tous ces meurtriers te dirai-je les noms ?
Procule, Glabrion, Virginian, Rutile,
Marcel, Plaute, Lénas, Pompone, Albin, Icile,
Maxime, qu'après toi j'avois le plus aimé :
Le reste ne vaut pas l'honneur d'être nommé ;
Un tas d'hommes perdus de dettes et de crimes,
Que pressent de mes lois les ordres légitimes,
Et qui, désespérant de les plus éviter,
Si tout n'est renversé ne sauroient subsister.
Tu te tais maintenant et gardes le silence
Plus par confusion que par obéissance.
Quel étoit ton dessein, et que prétendois-tu
Après m'avoir au temple à tes pieds abattu ?
Affranchir ton pays d'un pouvoir monarchique ?
Si j'ai bien entendu tantôt ta politique,
Son salut désormais dépend d'un souverain
Qui pour tout conserver tienne tout en sa main ;
Et si sa liberté te faisoit entreprendre
Tu ne m'eusses jamais empêché de la rendre ;
Tu l'aurois acceptée au nom de tout l'état
Sans vouloir l'acquérir par un assassinat.
Quel étoit donc ton but ? d'y régner à ma place ?
D'un étrange malheur son destin le menace
Si pour monter au trône et lui donner la loi
Tu ne trouves dans Rome autre obstacle que moi !
Si jusques à ce point son sort est déplorable,

Que tu sois après moi le plus considérable,
Et que ce grand fardeau de l'empire romain
Ne puisse après ma mort tomber mieux qu'en ta main.
Apprends à te connoître, et descends en toi-même :
On t'honore dans Rome, on te courtise, on t'aime,
Chacun tremble sous toi, chacun t'offre des vœux.
Ta fortune est bien haut, tu peux ce que tu veux ;
Mais tu ferois pitié, même à ceux qu'elle irrite,
Si je t'abandonnois à ton peu de mérite.
Ose me démentir, dis-moi ce que tu vaux,
Conte-moi tes vertus, tes glorieux travaux,
Les rares qualités par où tu m'as dû plaire
Et tout ce qui t'élève au dessus du vulgaire.
Ma faveur fait ta gloire, et ton pouvoir en vient ;
Elle seule t'élève, et seule te soutient ;
C'est elle qu'on adore, et non pas ta personne ;
Tu n'as crédit ni rang qu'autant qu'elle t'en donne ;
Et pour te faire choir je n'aurois aujourd'hui
Qu'à retirer la main qui seule est ton appui.
J'aime mieux toutefois céder à ton envie ;
Règne, si tu le peux, aux dépens de ma vie.
Mais oses-tu penser que les Serviliens,
Les Cosses, les Métels, les Pauls, les Fabiens
Et tant d'autres enfin de qui les grands courages
Des héros de leur sang sont les vives images
Quittent le noble orgueil d'un sang si généreux
Jusqu'à pouvoir souffrir que tu règnes sur eux ?
Parle, parle, il est temps.

CINNA.

                        Je demeure stupide;
Non que votre colère ou la mort m'intimide;
Je vois qu'on m'a trahi, vous m'y voyez rêver;
Et j'en cherche l'auteur sans le pouvoir trouver.
Mais c'est trop y tenir toute l'ame occupée.
Seigneur, je suis Romain et du sang de Pompée;

Le père et les deux fils lâchement égorgés,
Par la mort de César étoient trop peu vengés.
C'est-là d'un beau dessein l'illustre et seule cause ;
Et, puisqu'à vos rigueurs la trahison m'expose,
N'attendez point de moi d'infâmes repentirs,
D'inutiles regrets ni de honteux soupirs.
Le sort vous est propice autant qu'il m'est contraire ;
Je sais ce que j'ai fait et ce qu'il vous faut faire ;
Vous devez un exemple à la postérité,
Et mon trépas importe à votre sûreté.

AUGUSTE.

Tu me braves, Cinna, tu fais le magnanime,
Et loin de t'excuser tu couronnes ton crime ;
Voyons si ta constance ira jusques au bout.
Tu sais ce qui t'est dû, tu vois que je sais tout :
Fais ton arrêt toi-même, et choisis tes supplices.

SCÈNE II.

AUGUSTE, LIVIE, CINNA, EMILIE, FULVIE.

LIVIE.

Vous ne connoissez pas encor tous les complices ;
Votre Emilie en est, seigneur, et la voici.

CINNA.

C'est elle-même, ô dieux !

AUGUSTE.

Et toi, ma fille, aussi !

ÉMILIE.

Oui, tout ce qu'il a fait il l'a fait pour me plaire,
Et j'en étois, seigneur, la cause et le salaire.

AUGUSTE.

Quoi ! l'amour qu'en ton cœur j'ai fait naître aujourd'hui
T'emporte-t-il déjà jusqu'à mourir pour lui ?

Ton ame à ces transports un peu trop s'abandonne,
Et c'est trop tôt aimer l'amant que je te donne.

ÉMILIE.

Cet amour qui m'expose à vos ressentimens
N'est point le prompt effet de vos commandemens;
Ces flammes dans nos cœurs sans votre ordre étoient nées,
Et ce sont des secrets de plus de quatre années.
Mais, quoique je l'aimasse et qu'il brûlât pour moi,
Une haine plus forte à tous deux fit la loi :
Je ne voulus jamais lui donner d'espérance
Qu'il ne m'eût de mon père assuré la vengeance ;
Je la lui fis jurer ; il chercha des amis.
Le ciel rompt le succès que je m'étois promis,
Et je vous viens, seigneur, offrir une victime,
Non pour sauver sa vie en me chargeant du crime,
Son trépas est trop juste après son attentat,
Et toute excuse est vaine en un crime d'état :
Mourir en sa présence et rejoindre mon père,
C'est tout ce qui m'amène et tout ce que j'espère.

AUGUSTE.

Jusques à quand, ô ciel ! et par quelle raison
Prendrez-vous contre moi des traits dans ma maison?
Pour ses débordemens j'en ai chassé Julie ;
Mon amour en sa place a fait choix d'Emilie ;
Et je la vois comme elle indigne de ce rang.
L'une m'ôtoit l'honneur, l'autre a soif de mon sang;
Et, prenant toutes deux leur passion pour guide,
L'une fut impudique, et l'autre est parricide.
O ma fille ! est-ce là le prix de mes bienfaits?

ÉMILIE.

Ceux de mon père en vous firent mêmes effets.

AUGUSTE.

Songe avec quel amour j'élevai ta jeunesse.

ÉMILIE.

Il éleva la vôtre avec même tendresse ;
Il fut votre tuteur, et vous son assassin,
Et vous m'avez au crime enseigné le chemin.
Le mien d'avec le vôtre en ce point seul diffère
Que votre ambition s'est immolé mon père,
Et qu'un juste courroux dont je me sens brûler
A son sang innocent vouloit vous immoler.

LIVIE.

C'en est trop, Emilie ; arrête, et considère
Qu'il t'a trop bien payé les bienfaits de ton père.
Sa mort, dont la mémoire allume ta fureur,
Fut un crime d'Octave et non de l'empereur.
Tous ces crimes d'état qu'on fait pour la couronne,
Le ciel nous en absout alors qu'il nous la donne ;
Et, dans le sacré rang où sa faveur l'a mis,
Le passé devient juste et l'avenir permis.
Qui peut y parvenir ne peut être coupable ;
Quoi qu'il ait fait ou fasse, il est inviolable ;
Nous lui devons nos biens, nos jours sont en sa main,
Et jamais on n'a droit sur ceux de souverain.

ÉMILIE.

Aussi, dans le discours que vous venez d'entendre,
Je parlois pour l'aigrir et non pour me défendre.
Punissez donc, seigneur, ces criminels appas
Qui de vos favoris font d'illustres ingrats.
Tranchez mes tristes jours pour assurer les vôtres s
Si j'ai séduit Cinna, j'en séduirai bien d'autres,
Et je suis plus à craindre et vous plus en danger
Si j'ai l'amour ensemble et le sang à venger.

CINNA.

Que vous m'ayez séduit, et que je souffre encore
D'être déshonoré par celle que j'adore !
Seigneur, la vérité doit ici s'exprimer ;

J'avois fait ce dessein avant que de l'aimer.
A mes plus saints désirs la trouvant inflexible,
Je crus qu'à d'autres soins elle seroit sensible;
Je parlai de son père et de votre rigueur,
Et l'offre de mon bras suivit celle du cœur.
Que la vengeance est douce à l'esprit d'une femme!
Je l'attaquai par là, par là je pris son ame;
Dans mon peu de mérite elle me négligeoit,
Et ne put négliger le bras qui la vengeoit.
Elle n'a conspiré que par mon artifice;
J'en suis le seul auteur, elle n'est que complice.

ÉMILIE.

Cinna, qu'oses-tu dire? Est-ce là me chérir
Que de m'ôter l'honneur quand il me faut mourir.

CINNA.

Mourez, mais en mourant ne souillez point ma gloire.

ÉMILIE.

La mienne se flétrit si César te veut croire.

CINNA.

Et la mienne se perd si vous tirez à vous
Toute celle qui suit de si généreux coups.

ÉMILIE.

Eh bien! prends-en ta part, et me laisse la mienne;
Ce seroit l'affoiblir que d'affoiblir la tienne;
La gloire et le plaisir, la honte et les tourmens,
Tout doit être commun entre de vrais amans.
Nos deux ames, seigneur, sont deux ames romaines;
Unissant nos désirs nous unîmes nos haines.
De nos parens perdus le vif ressentiment
Nous apprit nos devoirs en un même moment;
En ce noble dessein nos cœurs se rencontrèrent,
Nos esprits généreux ensemble le formèrent;
Ensemble nous cherchons l'honneur d'un beau trépas;
Vous vouliez nous unir, ne nous séparez pas.

AUGUSTE.

Oui, je vous unirai, couple ingrat et perfide,
Et plus mon ennemi qu'Antoine ni Lépide;
Oui, je vous unirai, puisque vous le voulez :
Il faut bien satisfaire aux feux dont vous brûlez,
Et que tout l'univers, sachant ce qui m'anime,
S'étonne du supplice aussi bien que du crime...
Mais enfin le ciel m'aime, et ses bienfaits nouveaux
Ont arraché Maxime à la fureur des eaux.

SCÈNE III.

AUGUSTE, LIVIE, CINNA, MAXIME, EMILIE, FULVIE.

AUGUSTE.

Approche, seul ami que j'éprouve fidèle.

MAXIME.

Honorez moins, seigneur, une ame criminelle.

AUGUSTE.

Ne parlons plus de crime après ton repentir,
Après que du péril tu m'as su garantir :
C'est à toi que je dois et le jour et l'empire.

MAXIME.

De tous vos ennemis connoissez mieux le pire.
Si vous régnez encor, seigneur, si vous vivez,
C'est ma jalouse rage à qui vous le devez.
Un vertueux remords n'a point touché mon ame :
Pour perdre mon rival j'ai découvert sa trame ;
Euphorbe vous a feint que je m'étois noyé,
De crainte qu'après moi vous n'eussiez envoyé.
Je voulois avoir lieu d'abuser Emilie,
Effrayer son esprit, la tirer d'Italie;
Et pensois la résoudre à cet enlèvement
Sous l'espoir du retour pour venger son amant.

Mais, au lieu de goûter ces grossières amorces,
Sa vertu combattue a redoublé ses forces;
Elle a lu dans mon cœur. Vous savez le surplus,
Et je vous en ferois des récits superflus;
Vous voyez le succès de mon lâche artifice.
Si pourtant quelque grâce est due à mon indice,
A vos bontés, seigneur, j'en demanderai deux,
Le supplice d'Euphorbe et ma mort à leurs yeux.
J'ai trahi mon ami, ma maîtresse, mon maître,
Ma gloire, mon pays, par l'avis de ce traître;
Et croirai toutefois mon bonheur infini
Si je puis m'en punir après l'avoir puni.

AUGUSTE.

En est-ce assez, ô ciel! et le sort pour me nuire
A-t-il quelqu'un des miens qu'il veuille encor séduire?
Qu'il joigne à ses efforts le secours des enfers,
Je suis maître de moi comme de l'univers;
Je le suis, je veux l'être. O siècles! ô mémoire!
Conservez à jamais ma dernière victoire:
Je triomphe aujourd'hui du plus juste courroux
De qui le souvenir puisse aller jusqu'à vous.
Soyons amis, Cinna, c'est moi qui t'en convie:
Comme à mon ennemi je t'ai donné la vie,
Et, malgré la fureur de ton lâche dessein,
Je te la donne encor comme à mon assassin.
Commençons un combat qui montre par l'issue
Qui l'aura mieux de nous ou donnée ou reçue.
Tu trahis mes bienfaits, je les veux redoubler;
Je t'en avois comblé, je t'en veux accabler:
Avec cette beauté que je t'avois donnée
Reçois le consulat pour la prochaine année.
Aime Cinna, ma fille, en cet illustre rang;
Préfères-en la pourpre à celle de mon sang;
Apprends sur mon exemple à vaincre ta colère:

Te rendant un époux, je te rends plus qu'un père.

ÉMILIE.

Et je me rends, seigneur, à ces hautes bontés,
Je recouvre la vue auprès de leurs clartés :
Je connois mon forfait, qui me sembloit justice ;
Et, ce que n'avoit pu la terreur du supplice,
Je sens naître en mon ame un repentir puissant,
Et mon cœur en secret me dit qu'il y consent.
Le ciel a résolu votre grandeur suprême ;
Et pour preuve, seigneur, je n'en veux que moi-même ;
J'ose avec vanité me donner cet éclat,
Puisqu'il change mon cœur, qu'il veut changer l'état.
Ma haine va mourir, que j'ai crue immortelle,
Elle est morte, et ce cœur devient sujet fidèle ;
Et, prenant désormais cette haine en horreur,
L'ardeur de vous servir succède à sa fureur.

CINNA.

Seigneur, que vous dirai-je après que nos offenses
Au lieu de châtimens trouvent des récompenses ?
O vertu sans exemple ! ô clémence, qui rend
Votre pouvoir plus juste, et mon crime plus grand !

AUGUSTE.

Cesse d'en retarder un oubli magnanime,
Et tous deux avec moi faites grâce à Maxime :
Il nous a trahis tous ; mais ce qu'il a commis
Vous conserve innocens, et me rend mes amis.

(A Maxime.)

Reprends auprès de moi ta place accoutumée,
Rentre dans ton crédit et dans ta renommée.
Qu'Euphorbe de tous trois ait sa grâce à son tour,
Et que demain l'hymen couronne leur amour.
Si tu l'aimes encor ce sera ton supplice.

MAXIME.

Je n'en murmure point, il a trop de justice,

Et je suis plus confus, seigneur, de vos bontés
Que je ne suis jaloux du bien que vous m'ôtez.

CINNA.

Souffrez que ma vertu dans mon cœur rappelée
Vous consacre une foi lâchement violée,
Mais si ferme à présent, si loin de chanceler
Que la chute du ciel ne pourroit l'ébranler.
Puisse le grand moteur des belles destinées
Pour prolonger vos jours retrancher nos années,
Et moi, par un bonheur dont chacun soit jaloux,
Perdre pour vous cent fois ce que je tiens de vous !

LIVIE.

Ce n'est pas tout, seigneur, une céleste flamme
D'un rayon prophétique illumine mon ame.
Oyez ce que les dieux vous font savoir par moi :
De votre heureux destin c'est l'immuable loi.
Après cette action vous n'avez rien à craindre :
On portera le joug désormais sans se plaindre,
Et les plus indomptés renversant leurs projets
Mettront toute leur gloire à mourir vos sujets.
Aucun lâche dessein, aucune ingrate envie
N'attaquera le cours d'une si belle vie.
Jamais plus d'assassins ni de conspirateurs ;
Vous avez trouvé l'art d'être maître des cœurs.
Rome avec une joie et sensible et profonde
Se démet en vos mains de l'empire du monde :
Vos royales vertus lui vont trop enseigner
Que son bonheur consiste à vous faire régner.
D'une si longue erreur pleinement affranchie,
Elle n'a plus de vœux que pour la monarchie,
Vous prépare déjà des temples, des autels,
Et le ciel une place entre les immortels,
Et la postérité dans toutes les provinces
Donnera votre exemple aux plus généreux princes.

AUGUSTE.

J'en accepte l'augure, et j'ose l'espérer;
Ainsi toujours les dieux vous daignent inspirer !
Qu'on redouble demain les heureux sacrifices
Que nous leur offrirons sous de meilleurs auspices,
Et que vos conjurés entendent publier
Qu'Auguste a tout appris et veut tout oublier.

FIN DU TOME PREMIER.